税务会计实训丛书

U0836100

个人所得税业务实训

张彤　何小王　主编

北京大学出版社
PEKING UNIVERSITY PRESS

内 容 简 介

本书主要依据最新的《中华人民共和国个人所得税法》、《中华人民共和国个人所得税法实施条例》，结合税收征收与管理的实际情况而编写，是一本实用的个人所得税法实务操作学习范本。本书主要内容包括：个人所得税概述、工资薪金所得应纳税额的计算、其他项目所得应纳税额的计税规定、个人所得税的税收优惠、个人所得税的申报缴纳以及个人所得税的节税技巧。

本书深入浅出、通俗易懂、实例丰富、生动有趣，使读者在阅读中轻松掌握个人所得税实务，可作为企业税务会计人员和干部税收业务的培训用书，还可作为税务工作者研究和完善个人所得税政策的参考书。

图书在版编目(CIP)数据

个人所得税业务实训/张彤，何小王主编. —北京：北京大学出版社，2012.1

(税务会计实训丛书)

ISBN 978-7-301-20028-5

Ⅰ.①个… Ⅱ.①张…②何… Ⅲ.①个人所得税—税收管理—中国 Ⅳ.①F812.424

中国版本图书馆 CIP 数据核字(2011)第 281211 号

书　　名：个人所得税业务实训

著作责任者：张　彤　何小王　主编

策 划 编 辑：邱　懿

责 任 编 辑：赵学敏　王泽旗

标 准 书 号：ISBN 978-7-301-20028-5/F·3020

出 版 发 行：北京大学出版社

地　　址：北京市海淀区成府路 205 号　100871

网　　址：http://www.pup.cn

电 子 信 箱：zyjy@pup.cn

电　　话：邮购部 62752015　发行部 62750672　编辑部 62754934
出版部 62754962

印　刷　者：河北滦县鑫华书刊印刷厂

经　销　者：新华书店

650 毫米×980 毫米　16 开本　14 印张　208 千字

2012 年 1 月第 1 版　2012 年 1 月第 1 次印刷

定　　价：28.00 元

税务会计实训丛书编委会

丛书主编

张紫东(国家税务总局大连培训中心　教授　注册税务师)

张　彤(国家税务总局大连培训中心　副教授)

丛书副主编

敖　汀(国家税务总局大连培训中心　科研部部长)

何小王(湖南税务高等专科学校　副教授　行政执法研究中心主任)

丛书编委(按姓氏笔画排序):

王　婷(山东省税务干部学校　讲师)

王　蕴(国家税务总局大连培训中心　讲师)

王化敏(国家税务总局大连培训中心　副教授)

邓文臣(新疆国家税务局　副科长)

史迎春(辽宁师范大学　高级会计师)

白雅君(大连天维理工信息研究所　所长　律师)

张久慧(国家税务总局大连培训中心　副教授　注册税务师)

张永刚(国家税务总局大连培训中心　讲师　律师)

李国财(青岛市国家税务局　副调研员　经济师)

杨　含(重庆市税务干部学校　副主任科员)

林　虹(安徽税务干部学校　高级讲师)

林伟刚(广东省国家税务局　科长)

侯江玲(国家税务总局大连培训中心　高级会计师　注册会计师)

姜　敏(国家税务总局大连培训中心　注册税务师)

徐　飞(贵州省税务干部学校　科级　讲师)

顾令慧(国家税务总局大连培训中心　讲师)

崔晓妍(国家税务总局大连培训中心　副教授)

前　　言

随着我国改革开放的逐步深入和国民经济的持续快速发展，特别是随着以按劳分配为主、多种分配形式并存的收入分配制度的逐步确立，国民收入分配逐步向个人倾斜，越来越多的个人成为个人所得税纳税人，个人所得税的收入规模也随之增加，在税制结构中的地位不断提升，个人所得税法律法规也在不断修订和完善。

为了满足广大税务会计人员的实际需求，我们全面总结了近年来个人所得税政策精髓和实务要点，对目前现行的个人所得税法律、法规及相关政策进行了梳理，对相关名词和术语进行了解释。在阐释政策的同时我们辅以具体的应用实例，力求做到内容翔实、通俗易懂，以期加强对税收基本理念的宣传和个人所得税知识的普及。

本书主要内容共6章，包括个人所得税概述、工资薪金所得应纳税额的计算、其他项目所得应纳税额的计税规定、个人所得税的税收优惠、个人所得税的申报缴纳以及个人所得税的节税技巧。本书是企业税务会计人员和干部税收业务的最佳培训用书，也是税务工作者研究和完善个人所得税政策的必备参考书。

因编者水平有限，书中难免有不足之处，恳请广大读者热心指点，以便作进一步修改和完善。

编　者

2011年12月

目　录

第1章

个人所得税概述

1.1　个人所得税的产生与发展

要　点

个人所得税是以个人(自然人)取得的应税所得为征税对象所征收的一种税。本节主要介绍世界各国个人所得税的产生以及我国个人所得税的设立与发展,通过本节的学习,读者对个人所得税会有一个全新的认知和了解。

解　释

◆ 世界各国个人所得税的产生

世界各国个人所得税的产生如表1-1所示。

表1-1　世界各国个人所得税的产生(按国家列表)

序号	国家	具体情况
1	英国	个人所得税最早产生于18世纪的英国。1795年法国与英国爆发了战争,这场战争彻底拖垮了当时英国的财政。为了筹措战争经费,英国首相威廉姆·彼特于1799年颁布法令,开征了个人所得税。1802年英法两国的短期休战,造成个人所得税的废除,随着1803年两国战事复发,个人所得税又被恢复,当时的税制模式一直沿续到现在。但由于1815年拿破仑军队的失败,个人所得税再一次被废除。直到1842年,英国财政大臣罗伯特·皮尔为了弥补财政的巨额赤字才又重新开征了个人所得税。到了第一次世界大战期间,英国的国防支出猛增,为了给巨额财政支出筹资,英国政府多次提高个人所得税税率,到1918年所得税收入已占到全部税收收入的83%,至此,个人所得税成为了英国税制中的主要税种。一战结束后,英国政府将个人所得税税率降到了20%,其比重也基本恢复到一战前的水平。随着第二次世界大战的爆发,英国的军费和财政支出再次猛增,这笔巨大的财政支出主要是通过高累进、低扣除额的所得税来维持。由于扣除额的降低,造成纳税人数的大幅度上升,这导致了一个新型的征管制度的诞生,即“代扣代缴”制度。第二次世界大战结束后,世界进入和平发展时期,英国的个人所得税也逐步向公平、合理、高效、完善方向发展。

续表

序号	国家	具体情况
2	美国	个人所得税在美国税收制度中的发展也与战争有关。1861年南北战争期间，美国联邦政府为了筹集战争费用，才首次开征个人所得税。1866年，个人所得税收入已经占到了联邦全部税收收入的25%。南北战争结束后不久，由于资产阶级的反对，美国废除了个人所得税。直到1913年美国才又重新开征，当时的最高税率仅为7%，且扣除费用较高。随着第一次世界大战的爆发，美国两度提高个人所得税的税率，到1918年最高税率已达77%，个人所得税占税收收入的比重也直线上升，最高时达60%。第一次世界大战结束后，美国便开始削减个人所得税，1925年最高税率降至25%，1926年又降至5%。但随着第二次世界大战的爆发，美国的军费支出和整个财政支出又一次大幅度增加，为了应付巨额财政支出的需要，美国政府开始增加个人所得税的课征力度。1939年，个人所得税的最低税率为4%，最高为79%；1944年最低税率也提高到23%，最高税率提高到94%；各边际税率对应的应税所得额也有所下降。所得税制度的调整使二战期美国的税制结构发生了很大变化，1944年，所得税占联邦财政收入的比重已上升为45%。第二次世界大战结束后，美国个人所得税的税率有所下降，但并未降至二战前的水平，二战期间形成的所得税占主体的税制结构也一直沿续至今。
3	法国	1914年，法国政府为了筹集军费才效仿其他国家开征了个人所得税，但战争开始不久即停征了，直到1917年才恢复征收。当时为了支付巨额的债务利息，法国被迫不断提高个人所得税税率，最高时达到60%。然而财政困难一得到缓解，法国政府就降低了个人所得税的税率。第二次世界大战以后，法国也像其他西方国家一样建立了累进的个人所得税，1958年最高税率曾达到65%，但在实行高税率的同时，法国政府又对所得税制度规定了许多的优惠措施，且税前扣除的范围规定得很宽，因此，法国的个人所得税在财政收入中比重不高，一直未成为税制中的主体税。
4	德国	1808年，德国在普法战争中失败，为筹措对法赔款开征了所得税，后来因为地主贵族阶级的反对而停征。直到1871年德意志帝国成立时，才颁布了真正的所得税法。之后联邦德国政府对税制进行了多次改革与完善。东、西德统一后，政府对前东德地区的税制进行了大规模的改造。经过上述改革，德国税制重新走向了统一。

◆ 我国个人所得税的设立与发展

我国个人所得税的设立与发展如表1-2所示。

表 1-2 我国个人所得税的设立与发展

序号	阶段	发展过程
1	建国初期阶段	1950 年 1 月,政务院发布了新中国税制建设的纲领性文件《全国税政实施要则》,其中涉及对个人所得征税的主要是薪给报酬所得税、存款利息所得税和工商业税。其中薪给报酬所得税的设想是对个人取得的工资、薪金和劳务报酬所得征收,但由于当时我国劳动力水平和公民人均收入都很低,因此这个税种一直未能开征。
2	改革开放初期阶段	1978 年,我国实行改革开放政策,税制建设也进入了一个新的发展阶段。为适应改革开放的需要,我国相继开征了对外籍个人征收的个人所得税、对国内居民征收的城乡个体工商业户所得税和个人收入调节税。 1980 年 9 月,全国人民代表大会通过并公布了《中华人民共和国个人所得税法》。我国的个人所得税制度至此建立。起征点为 800 元。 1986 年 9 月,国务院发布《中华人民共和国个人收入调节税暂行条例》,规定对本国公民的个人收入统一征收个人收入调节税。 1993 年 10 月,全国人民代表大会通过了《关于修改〈中华人民共和国个人所得税法〉的决定》的修正案,规定不分内、外,所有中国居民和有来源于中国所得的非居民,均应依法缴纳个人所得税。
3	1994—2006 年个人所得税制改革阶段	1994 年我国颁布实施了新的个人所得税法,初步建立起内外统一的个人所得税制度。 1999 年 8 月 30 日,第九届全国人民代表大会常务委员会第 11 次会议通过了《关于修改〈中华人民共和国个人所得税法〉的决定》,删去了《中华人民共和国个人所得税法》第四条第二款"储蓄存款利息"免征个人所得税项目,而开征了《个人储蓄存款利息所得税》。 2000 年 9 月,财政部、国家税务总局根据国务院有关通知精神,制定了《关于个人独资企业和合伙企业投资者征收个人所得税的规定》(财税[2000]91 号),明确从 2000 年 1 月 1 日起,对个人独资企业和合伙企业停征企业所得税,对其投资者的生产经营所得征收个人所得税,从而解决了个人独资企业和合伙企业投资者的双重征税问题。 2005 年 8 月,个人所得税法修正案草案初审,将个税起征点提高至 1 500 元/月。2005 年 10 月,全国人民代表大会通过决议,个税起征点改为 1 600 元/月,自 2006 年起实施。
4	2006 年以后个人所得税的发展	2007 年将储蓄存款利息所得个人所得税税率由 20%调减为 5%。 2007 年 12 月,全国人民代表大会通过决议,个税起征点改为 2 000 元/月,自 2008 年 3 月 1 日起实施。 2008 年暂免征收储蓄存款利息所得个人所得税。 2010 年对个人转让上市公司限售股取得的所得征收个人所得税。 2011 年 6 月 30 日,全国人民代表大会常委会表决通过关于修改个人所得税法的决定。法律规定,工资、薪金所得,以每月收入额减除费用 3 500 元后的余额为应纳税所得额,工资、薪金所得,适用超额累进税率,税率为 3%至 45%,修改后的个税法于 9 月 1 日起施行。

相关知识

◆ 个人所得税制的国际比较

个人所得税制的国际比较如表 1-3 所示。

表 1-3 个人所得税制的国际比较

序号	国家	各国税制比较
1	美国	典型的综合税制。 美国的个税基本以家庭为单位，将一年所有的收入累加起来，然后除掉所有的豁免和抵扣，剩下的才是应税收入。此外，勤劳收入享有一定的优惠。另外，美国个税还可以用资本亏损抵补资本利得，如卖房子赚了钱，但卖股票赔了钱，可以用亏了的抵盈的，利得少当然少纳税了。值得一提的是，美国个税还有“负所得税”，如果一家人的收入达不到应税的起点，那么，他不但不给国家纳税，国家还要倒贴给他税金，相当于国家给他纳税。这就是综合征收的所得税的大致特点。
2	德国	分类综合所得税制。 德国的个人所得税将应税所得分为七种：农林业所得、工商经营所得、独立劳动所得、非独立劳动所得、资产所得、租赁所得以及其他个人所得，不属于上述分类的部分不需要缴纳个人所得税。在纳税申报方面，德国税收实行以家庭为单位，收入多少，应纳税额都由纳税人自己填表，并负相应的法律责任，这使得人们逃税漏税的机会成本很高。如果被查出来偷逃税款的话将面临严重的经济处罚，甚至要负刑事责任。每个人都有一个类似于身份证号码的税号，每年 5 月 31 日以前个人应把财税局统一印制发放的个人所得税申报表填报上交居住地所在的财税局，财税局审核后，一般在收到申报表的一个月后寄给纳税人所得税结算通知书。此外，德国个人所得税主要采用分期预缴、年终汇总核算清缴、多退少补的办法征收，但对工资、利息、股息和红利等所得则采用预提法进行来源课税。
3	俄罗斯	单一税率所得税制。 自 2001 年起，俄罗斯取消了原有的 12%、20%和 30%三档累进税率，对居民纳税人获得的绝大部分收入如工资、薪金等实行 13%的单一税率。根据俄联邦税法典第 23 章规定，具有纳税义务的俄联邦居民（自然人）和从俄罗斯境内取得收入来源的非居民（自然人）应缴纳个人所得税，其税率为 13%。这种方式一方面简化了烦琐的交税程序，另一方面还减轻了中高收入者的税负，以期引导人们依法纳税。

续表

序号	国家	各国税制比较
4	印度	男女有别的累进课税。 印度对性别不同的人，个税起征点不同。如某纳税年度，男性的个人所得税的起征点是10万卢比(约合人民币2万元)，妇女的个税起征点是13.5万卢比。印度个人所得税征收制度的设计，对高收入者征收重税，对低收入者干脆不征税。他们认为，实行该种税收体制可以缩小贫富差距，缓解社会矛盾，有利于经济和社会的和谐发展。
5	巴西	免税者占多数的税制。 巴西贫富差距悬殊，大部分劳动者的收入达不到个人所得税的起征点，个人所得税在巴西税收总额中所占比例很小。巴西个人所得税征税项目包括工资、奖金、退休金、分红、金融投资收益、版权费、稿费、租金等。2004年，巴西政府规定个人年收入超过12 696雷亚尔(2.385雷亚尔约合1美元)的人必须报税。不过，一部分费用可以从收入中扣除，包括纳税人用于本人和依靠其生活的人的医疗、教育、学习费用，缴纳的国家社会劳保退休金、私人机构劳保退休金和个人退休计划基金以及购买医疗保险的费用。这部分费用扣除后全年收入还超过12 696雷亚尔的部分才纳税。根据规定，纳税人及依靠其生活的人的医疗费用可以全额扣除。从托儿所到大学的学费可以扣除，直到24岁。给全国文化基金会的捐款或者向国家支持文化活动计划提供的赞助可以减税。患有16种重病之一的退休人员免缴个人所得税。 年收入超过个税起征点的人每年3月1日至4月29日向联邦税务局报税。现在90%的巴西纳税人都利用因特网报税，巴西也成为世界网上报税发展最快和最普及的国家之一。

◆ 我国个人所得税改革的新趋势

我国个人所得税制度正在逐步改革，以适应国家经济发展和居民收入增长的需要，今后新的发展趋势是：

(1) 扩大个人所得税纳税人的范围，实行综合与分类相结合的个人所得税税制以及单位和个人双向申报的办法；

(2) 按照公平税负、量能负担的原则，合理确定费用的扣除标准以及分类征税和综合征税相结合的，更加科学化、规范化、合理化的个人所得税制度；

(3) 加大对高收入者的调节力度，缓解社会分配不公的矛盾；

(4) 进一步改进和加强个人所得税的征收管理工作，逐步提高个人所得税的地位和作用。

1.2 个人所得税的纳税人

要 点

个人所得税纳税人是个人所得税的课税主体，是负有直接纳税义务的个人。我国的个人所得税法把纳税人区分为两类：一类是在中国境内和境外取得所得的居民纳税人；另一类是在中国境内无住所又不居住或者无住所而在境内居住不满 1 年并从中国境内取得所得的非居民纳税人。

解 释

◆ 居民纳税人与非居民纳税人的定义

纳税义务人具体可分为居民纳税人和非居民纳税人。

1. 居民纳税人

凡在中国境内有住所或者没有住所而在中国境内居住满 1 年的个人，为我国个人所得税的居民纳税人，其从中国境内和境外取得的所得均应在中国缴纳个人所得税。

2. 非居民纳税人

凡在中国境内没有住所又不居住，或者没有住所而在中国境内居住不满 1 年的个人，为我国个人所得税的非居民纳税人，只就其从中国境内取得的所得缴纳个人所得税。

◆ 居民纳税人与非居民纳税人的判定

根据国际惯例，我国对居民纳税人和非居民纳税人的划分，采用了国际上常用的住所标准和居住时间标准。

1. 住所标准

住所是一个法律概念，与我们通常所说的住房不同。住所是指因户籍、家庭、经济利益关系而在中国境内习惯性居住。它可分为永久性住所和习惯性住所。

(1) 户籍

户籍即户口，中国公民一般在我国是有户口的，在我国常驻的外籍个人，虽因领取了长期居留证、暂居证等而纳入我国户籍的管理范围，但由于其家庭或主要经济利益关系不在中国境内，所以通常不视为在我国境内有住所。

(2) 经济利益关系

经济利益关系一般是考虑个人的主要财产坐落地和经营活动中心，所在地是否在中国境内。如果在中国境内，该纳税人则被视为在中国境内有住所。

(3) 习惯性居住

习惯性居住是判定纳税义务人是居民或非居民的一个法律意义上的标准，不是指实际居住或在某一个特定时期内的居住地。如因学习、工作、探亲、旅游等而在中国境外居住的，在其原因消除之后，必须回到中国境内居住的个人，则中国即为该纳税人习惯性居住地。

2. 居住时间标准

居住时间是指个人在一国境内实际居住的天数，我国规定的居住时间是以居住满 1 年为时间标准，即一个纳税年度(指从公历 1 月 1 日起至 12 月 31 日止)内在中国境内居住 365 日。达到这个标准的个人为居民纳税人。在居住期间内临时离境的，不扣减天数，连续计算。

临时离境是指在一个纳税年度中，一次不超过 30 日或者多次累计不超过 90 日的离境。此外，在中国境内，是指在中国大陆地区，不包括香港、澳门、台湾地区。

住所标准和居住时间标准，是判断居民身份的两个并列性标准，个人只要符合或者达到其中任何一个标准，就可以被认定为居民纳税人。

◆ 所得来源地的原则判定

我国的个人所得税是按照居民税收管辖权和所得来源地税收管辖权相结合的原则来判定征税范围。因此，判定所得来源地是确定纳税人纳税义务的重要法律依据。

1. 确定所得来源地的基本原则

(1) 任职、受雇或者提供劳务的所得来源地。

因任职、受雇和提供劳务取得的所得，以任职、受雇或者提供劳务的所在地为所得来源地，即工资、薪金所得和劳务报酬所得以提供劳务活动的地点为所得来源地。

(2) 从事生产、经营的所得来源地。

生产、经营所得，以从事生产、经营的所在地为所得来源地。

(3) 出租财产的所得来源地。

出租财产取得的所得，以被出租财产的使用地为所得来源地。

(4) 财产转让的所得来源地。

转让房屋、建筑物等不动产取得的所得，以被转让不动产的坐落地为所得来源地；转让动产取得的所得，以转让地为所得来源地。

(5) 特许权的所得来源地。

提供特许权的使用权取得的所得，以该项特许权的使用地为所得来源地。

(6) 利息、股息、红利的所得来源地。

利息、股息、红利所得，以使用资金并支付利息或者分配股息、红利的公司企业、经济组织或者个人的所在地为所得来源地。

(7) 得奖、中奖、中彩的所得来源地。

得奖、中奖、中彩所得，以所得的产生地为所得来源地。

2. 来源于中国境内所得的判定

下列所得不论支付地点是否在中国境内，均为来源于中国境内的所得，应在中国缴纳个人所得税。

(1) 因任职、受雇、履约等而在中国境内取得的工资、薪金所得。

(2) 在中国境内提供各种劳务而取得的劳务报酬所得。

(3) 在中国境内从事生产、经营活动而取得的生产、经营所得。

(4) 个人财产出租给承租人在中国境内使用而取得的所得。

(5) 转让中国境内的建筑物、土地使用权等不动产或者在中国境内转让其他财产取得的所得。

(6) 提供专利权、非专利技术、商标权、著作权以及其他各种特许权在中国境内使用取得的所得。

(7) 因持有中国的各种债券、股票、股权而从中国境内的公司、企业或者其他经济组织以及个人取得的利息、股息、红利所得。

(8) 在中国境内参加各种竞赛活动得到名次的所得，参加中国境内有关部门、单位组织的有奖活动取得的中奖所得，以及购买中国境内有关部门、单位发行的彩票取得的中彩所得。

(9) 在中国境内以图书、报刊方式出版、发表作品，取得的稿酬所得。

3. 来源于境外所得的判定

下列所得不论支付地点是否在中国境外，均为来源于中国境外的所得，应在中国缴纳个人所得税。

(1) 因任职、受雇、履约等而在中国境外提供劳务取得的所得。

(2) 将财产出租给承租人在中国境外使用而取得的所得。

(3) 转让中国境外的建筑物、土地使用权等财产或者在中国境外转让其他财产取得的所得。

(4) 许可各种特许权在中国境外使用而取得的所得。

(5) 从中国境外的公司、企业以及其他经济组织或者个人取得的利息、股息、红利所得。

此外，我国对本国居民的双重征税会给予一定的税收优惠。但只有事先判定我国居民有来源于境外的所得，在对其征税时才能实施一定的免除双重征税的措施，由此可见，判定所得来源地的最终目的是为了判定税收优先管辖权的归属。

相关知识

◆ 居民纳税人与非居民纳税人纳税义务的区别

按判定标准确定为我国居民纳税人的，负无限的纳税义务，应就其从中国境内和境外取得的全部所得在中国缴纳个人所得税。

非居民纳税人负有限的纳税义务，仅就其从中国境内取得的所得在中国缴纳个人所得税。

实例详解

【例 1-1】 英国建筑设计专家乔治先生因在华投资，在中国境内领取了长期居留证并且纳入我国的户籍管理范围，其家庭成员、财产及主要经营活动场所均在英国伦敦。从 2010 年 1 月 1 日至 2010 年 10 月 1 日，乔治先生一直在中国工作，此后因工作需要返回英国。乔治先生是否属于我国居民纳税人？

【分析】 乔治先生不属于我国居民纳税人。乔治先生在中国境内虽然领取了长期居留证并纳入我国的户籍管理范围，但是其家庭成员、财产及主要经营活动场所均在伦敦，故通常不视为在中国境内有住所；又因为在中国境内居住未满 1 年，所以乔治先生不属于我国居民纳税人，而应属于我国非居民纳税人，只就其从中国境内取得的应税所得在中国申报缴纳个人所得税。

【例 1-2】 来自美国的迈克 2009 年度在华工作，多次出入境，先后共离境 5 次，每次离境时间分别为 23 日、29 日、19 日、18 日、15 日。迈克 2009 年度是否为我国的居民纳税人。

【分析】

总共离境天数＝22＋27＋18＋16＋10＝93＞90

迈克虽然每次离境未超过 30 日，但是多次离境累计超过了 90 日，属于在中国境内无住所而在境内居住不满1年的非居民纳税人。应仅就其在华工作期间在中国境内取得的应税所得在中国缴纳个人所得税。

【例1-3】 美籍工程师约翰2010年在中国一外商投资企业工作100日(美国与中国签订税收协定),其工资薪金所得是否在中国境内申报纳税?

【分析】 约翰在华工作期间所得到的工资薪金若由在美国的公司支付并且负担,根据税收协定和税法的规定,其所得可不在中国境内申报。

【例1-4】 卡特为一家美国外企公司外籍雇员,2009年被派到中国境内工作,工作时间为200日,其工资、薪金所得是由境外公司支付的,并且不是由该公司在中国境内的机构负担。卡特的工资薪金在中国境内申报纳税吗?

【分析】 卡特的所得虽然不是由该公司在中国的机构负担,但是由于其在华时间超过了我国与其他国家签订税收协定规定的183日的期限,故其在华取得的工资、薪金所得应按规定在中国境内申报缴纳个人所得税。

【例1-5】 美籍专家查尔斯在美国取得一项设计专利,2010年特许我国境内某公司使用,某公司当年支付其专利使用费260万元,查尔斯的个人所得应如何缴纳个人所得税?

【分析】 根据我国个人所得税法所得来源地原则"提供特许权的使用权取得的所得,以该项特许权的使用地为所得来源地"及"提供专利权、非专利技术、商标权、著作权以及其他各种特许权在中国境内使用取得的所得"为"来源于中国境内"的"特许权使用费所得"。

查尔斯取得的260万元为来源于中国境内的特许权使用费所得,无论他是外籍人还是中国人,该项所得均应在中国境内缴纳个人所得税,税款由中国某公司支付时代扣代缴。

1.3 外籍个人纳税义务的判定

要 点

对于在中国境内无住所而在中国境内工作的外籍个人,其纳税义务的判定,是以一个纳税年度内在中国境内居住时间和任职受雇机构的具体情况来判定的。本节主要介绍居住时间与纳税义务,在中国境内工作期间取得工资薪金所得的判定,外籍个人实际在中国境内、境外工作期间的判定以及中国境内企业外籍董事、高层管理人员纳税义务的确定等。

解　释

◆ 居住时间与纳税义务

1. 居住时间不超过90日或183日纳税义务的判定

在中国境内无住所而在一个纳税年度中在中国境内连续或者累计居住不超过90日或在税收协定规定的期间在中国境内连续或者累计居住不超过183日的个人，其来源于中国境内的所得，由境外雇主支付并且不由该雇主在中国境内的机构、场所负担的工资薪金部分，免予缴纳个人所得税。

对上述个人应仅就其实际在中国境内工作期间由中国境内企业或个人雇主支付或者由中国境内机构负担的工资薪金所得申报纳税。

凡是该中国境内企业、机构属于采取核定利润方法计征企业所得税或没有营业收入而不征收企业所得税的，在该中国境内企业、机构任职、受雇的个人实际在中国境内工作期间取得的工资薪金，不论是否在该中国境内企业、机构会计账簿中有记载，均应视为该中国境内企业支付或由该中国境内机构负担的工资薪金。

2. 居住时间超过90日或183日但不满1年纳税义务的判定

在中国境内无住所而在一个纳税年度中在中国境内连续或者累计居住超过90日或在税收协定规定的期间在中国境内连续或者累计居住超过183日但不满1年的个人，其实际在中国境内工作期间取得的由中国境内企业或个人雇主支付和由境外企业或个人雇主支付的工资薪金所得，均应申报缴纳个人所得税。

3. 居住时间满1年但不超过5年纳税义务的判定

在中国境内无住所但在境内居住满1年而不超过5年的个人，其在中国境内工作期间取得的由中国境内企业或个人雇主支付和由中国境外企业或个人雇主支付的工资薪金，均应申报缴纳个人所得税。

对其临时离境工作期间取得的工资薪金所得，仅就由中国境内企业或个人雇主支付的部分申报纳税。

凡是该中国境内企业、机构属于采取核定利润方法计征企业所得税或没有营业收入而不征收企业所得税的，在该中国境内企业、机构任职、受雇的个人取得的工资薪金，不论是否在中国境内企业、机构会计账簿中有记载，均应视为由其任职的中国境内企业、机构支付。

对在1个月中既有中国境内工作期间的工资薪金所得，也有在临时出境期间由境内企业或个人雇主支付工资薪金所得的，应合并计算当月应纳税款，并按税法规定的期限申报缴纳个人所得税。

4. 居住时间超过5年纳税义务的判定

在中国境内无住所但在境内居住超过5年的个人，从第6年起，应当就来源于中国境内和境外的全部所得缴纳个人所得税。也就是说我国保留了对境内无住所但居住满1年的税收居民行使税收管辖权的范围。但实际运用中我们以居住是否满5年来确定完全税收居民身份和承担的纳税义务。

在中国境内无住所的个人在中国境内居住满5年，是指个人在中国境内连续居住满5年，即在连续5年中的每一纳税年度内居住满1年。

在中国境内居住满5年，从第6年起的以后各年度中，凡在境内居住满1年的，应当就其来源于境内、境外的全部所得申报纳税。

如果纳税人在第6年起以后的某一纳税年度内在境内居住不足90日或183日，应按税法规定重新确定纳税义务，并从再次居住满1年度起重新计算5年期限。

◆ 在中国境内工作期间取得工资薪金所得的判定

属于来源于中国境内的工资薪金所得应为个人实际在中国境内工作期间取得的工资薪金，即：

(1) 个人实际在中国境内工作期间取得的工资薪金，不论是由中国境内还是境外企业或个人雇主支付的，均属于来源于中国境内的所得；

(2) 个人实际在中国境外工作期间取得的工资薪金，不论是由中国境内还是境外企业或个人雇主支付的，均属于来源于中国境外的所得。

◆ 外籍个人实际在中国境内、境外工作期间的判定

1. 工作期间包括应享受公休假日

在中国境内企业、机构中任职(包括兼职，下同)、受雇的个人，其实际在中国境内工作期间，应包括在中国境内工作期间境内、外享受的公休假日、个人休假日以及接受培训的天数；其在境外营业机构中任职并在境外履行该项职务或在境外营业场所中提供劳务期间，包括该期间的公休假日，为在中国境外的工作期间。

不在中国境内企业、机构中任职、受雇的个人受派来华工作，其实际在中国境内工作期间应包括来华工作期间在中国境内享受的公休假日。

2. 在境内、境外机构兼职，按工资、薪金总额计税

外籍个人分别在中国境内和境外企业、机构兼任职务的，不论其工资、薪金是否按职务分别确定，均应就其取得的工资薪金总额，按其实际

在中国境内的工作期间确定纳税。

◆ 中国境内企业外籍董事、高层管理人员纳税义务的确定

担任中国境内企业董事或高层管理职务的外籍个人，其取得的由该中国境内企业支付的董事费或工资薪金，应自其担任该中国境内企业董事或高层管理职务起，至其解除上述职务为止的期间，不论其是否在中国境外，履行职务，均应申报缴纳个人所得税。

其取得的由中国境外企业支付的工资薪金，应依照《国家税务总局关于在中国境内无住所的个人取得工资薪金所得纳税义务问题的通知》(国税发[1994]148 号)第二条、第三条、第四条的规定确定纳税义务。

中国境内企业高层管理职务，是指公司正、副(总)经理、各职能总师、总监及其他类似公司管理层的职务。

无住所个人工资薪金所得征免判定表，如表 1-4 所示。

表 1-4　无住所个人工资薪金所得征免税判定表

来华时间 \ 个人 \ 征免		来源于境内		来源于境外	
		境内雇主支付或机构负担	境外支付或负担	境内雇主支付或机构负担	境外支付或负担
t≤90 日(或 183 日)	外籍雇员	征	免	免	免
	外籍高管人员	征	免	征	免
90 日(183 日)≤t≤1 年	外籍雇员	征	征	免	免
	外籍高管人员	征	征	征	免
1 年<t≤5 年	外籍雇员	征	征	征	免
	外籍高管人员	征	征	征	免
5 年≤t	外籍雇员	征	征	征	征
	外籍高管人员	征	征	征	征

相关知识

◆ 税收协定确定外籍个人纳税人的一般原则

2011 年 5 月底之前，我国已经对外正式签署 96 个避免双重征税协定(其中 93 个协定已生效)和香港、澳门两个特别行政区签署了税收安排，如表 1-5 和表 1-6 所示。这样，可以尽量避免双重征税，打击偷逃税及反避税。每个国家或地区涉及个人所得税征税问题各不相同，需要根据签订的具体条款来确定，有些则需要在执行中掌握和理解一般的原则。

1. 对等互利原则

通常情况下都是双方互为条件、公平、公正地确认个人所得税的征免问题。

2. 税收协定优先的原则

如果税收协定与税收法规政策发生冲突，应以税收协定的具体条文来确定个人纳税义务人。例如税法规定为90日是个人纳税义务的时间界定，而与我国有税收协定的国家为183日，或称为税收协定优先的原则。

3. 宽免的原则

在具体执行过程中税收法规政策与税收协定一般情况下是一致的，但按税收协定来确定严于税收法规时应以税收法规来确定纳税义务。反之，则应按税收协定规定执行。

4. 所得来源国优先征税原则

通常情况下，所得来源国有按照本国税法优先征税的权力。

表 1-5 中国对外签订避免双重征税协定一览表

序号	国家	签署日期	生效日期	执行日期
1	日本 JAPAN	1983.9.6	1984.6.26	1985.1.1
2	美国 U.S.A.	1984.4.30	1986.11.21	1987.1.1
3	法国 FRANCE	1984.5.30	1985.2.21	1986.1.1
4	英国 U.K.	1984.7.26	1984.12.23	1985.1.1
*	比利时 BELGIUM	1985.4.18	1987.9.11	1988.1.1
5	德国[①] GERMANY	1985.6.10	1986.5.14	1985.1.1/7.1
6	马来西亚 MALAYSIA	1985.11.23	1986.9.14	1987.1.1
7	挪威 NORWAY	1986.2.25	1986.12.21	1987.1.1
8	丹麦 DENMARK	1986.3.26.	1986.10.22	1987.1.1

续表

序号	国家	签署日期	生效日期	执行日期
9	加拿大 CANADA	1986.5.12	1986.12.29	1987.1.1
10	瑞典 SWEDEN	1986.5.16	1987.1.3	1987.1.1
11	新西兰 NEW ZEALAND	1986.9.16	1986.12.17	1987.1.1
12	泰国 THAILAND	1986.10.27	1986.12.29	1987.1.1
13	意大利 ITALY	1986.10.31	1989.11.14	1990.1.1
14	荷兰 THE NETHERLANDS	1987.5.13	1988.3.5	1989.1.1
15	捷克和斯洛伐克[2]（适用于斯洛伐克）CZECHOSLO-VAKIA	1987.6.11	1987.12.23	1988.1.1
16	波兰 POLAND	1988.6.7	1989.1.7	1990.1.1
17	澳大利亚 AUSTRALIA	1988.11.17	1990.12.28	1991.1.1
18	前南斯拉夫[3]（适用于波黑）	1988.12.2		1990.1.1
19	保加利亚 BULGARIA	1989.11.6	1990.5.25	1991.1.1
20	巴基斯坦 PAKISTAN	1989.11.15	1989.12.27	1989.1.1/7.1
21	科威特 KUWAIT	1989.12.25	1990.7.20	1989.1.1
22	瑞士 SWITZERLAND	1990.7.6	1991.9.27	1990.1.1
23	塞浦路斯 CYPRUS	1990.10.25	1991.10.5	1992.1.1
24	西班牙 SPAIN	1990.11.22	1992.5.20	1993.1.1
25	罗马尼亚 ROMANIA	1991.1.16	1992.3.5	1993.1.1

续表

序号	国家	签署日期	生效日期	执行日期
26	奥地利 AUSTRIA	1991.4.10	1992.11.1	1993.1.1
27	巴西 BRAZIL	1991.8.5	1993.1.6	1994.1.1
28	蒙古 MONGOLIA	1991.8.26	1992.6.23	1993.1.1
29	匈牙利 HUNGARY	1992.6.17	1994.12.31	1995.1.1
*	马耳他 MALTA	1993.2.2	1994.3.20	1995.1.1
30	阿联酋 UNITED ARAB EMIRATES	1993.7.1	1994.7.14	1995.1.1
31	卢森堡 LUXEMBOURG	1994.3.12	1995.7.28	1996.1.1
32	韩国 KOREA	1994.3.28	1994.9.27	1995.1.1
33	俄罗斯 RUSSIA	1994.5.27	1997.4.10	1998.1.1
34	巴新 PAPUA NEW GUINEA	1994.7.14	1995.8.16	1996.1.1
35	印度 INDIA	1994.7.18	1994.11.19	1995.1.1
36	毛里求斯 MAURITIUS	1994.8.1	1995.5.4	1996.1.1
37	克罗地亚 CROATIA	1995.1.9	2001.5.18	2002.1.1
38	白俄罗斯 BELARUS	1995.1.17	1996.10.3	1997.1.1
39	斯洛文尼亚 SLOVENIA	1995.2.13	1995.12.27	1996.1.1
40	以色列 ISRAEL	1995.4.8	1995.12.22	1996.1.1
41	越南 VIET NAM	1995.5.17	1996.10.18	1997.1.1

续表

序号	国家	签署日期	生效日期	执行日期
42	土耳其 TURKEY	1995.5.23	1997.1.20	1998.1.1
43	乌克兰 UKRAINE	1995.12.4	1996.10.18	中(China)：1997.1.1 乌(Ukraine)：股利特个人(Dividend，Interest，Royalties and Individual Income Tax)：1996.12.17；企业所得税(Corporate IncomeTax)：1997.1.1
44	亚美尼亚 ARMENIA	1996.5.5	1996.11.28	1997.1.1
45	牙买加 JAMAICA	1996.6.3	1997.3.15	1998.1.1
46	冰岛 ICELAND	1996.6.3	1997.2.5	1998.1.1
47	立陶宛 LITHUANIA	1996.6.3	1996.10.18	1997.1.1
48	拉脱维亚 LATVIA	1996.6.7	1997.1.27	1998.1.1
49	乌兹别克斯坦 UZBEKISTAN	1996.7.3	1996.7.3	1997.1.1
50	孟加拉国 BANGLADESH	1996.9.12	1997.4.10	中(China)1998.1.1 孟(Bangladesh)1998.7.1
51	原南斯拉夫联盟④(适用于塞尔维亚和黑山) YUGOSLAVIA	1997.3.21	1998.1.1	1998.1.1
52	苏丹 SUDAN	1997.5.30	1999.2.9	2000.1.1
53	马其顿 MACEDONIA	1997.6.9	1997.11.29	1998.1.1
54	埃及 EGYPT	1997.8.13	1999.3.24	2000.1.1
55	葡萄牙 PORTUGAL	1998.4.21	2000.6.7	2001.1.1

续表

序号	国家	签署日期	生效日期	执行日期
56	爱沙尼亚 ESTONIA	1998.5.12	1999.1.8	2000.1.1
57	老挝 LAOS	1999.1.25	1999.6.22	2000.1.1
58	塞舌尔 SEYCHELLES	1999.8.26	1999.12.17	2000.1.1
59	菲律宾 THE PHILIPPINES	1999.11.18	2001.3.23	2002.1.1
60	爱尔兰 IRELAND	2000.4.19	2000.12.29	中(China)2001.1.1 爱(Ireland)2001.4.6
61	南非 SOUTH AFRICA	2000.4.25	2001.1.7	2002.1.1
62	巴巴多斯 BARBADOS	2000.5.15	2000.10.27	2001.1.1
63	摩尔多瓦 MOLDOVA	2000.6.7	2001.5.26	2002.1.1
64	卡塔尔国 KATAR	2001.4.2	2008.10.21	2009.1.1
65	古巴 CUBA	2001.4.13	2003.10.17	2004.1.1
66	委内瑞拉 VENEZUELA	2001.4.17	2004.12.23	2005.1.1
67	尼泊尔 NEPAL	2001.5.14	2010.12.31	2011.1.1
68	哈萨克斯坦 KAZAKHSTAN	2001.9.12	2003.7.27	2004.1.1
69	印度尼西亚 INDONESIA	2001.11.7	2003.8.25	2004.1.1
70	阿曼 OMAN	2002.3.25	2002.7.20	2003.1.1
71	尼日利亚 NIGERIA	2002.4.15	2009.3.21	2010.1.1
72	突尼斯 TUNIS	2002.4.16	2003.9.23	2004.1.1
73	伊朗 IRAN	2002.4.20	2003.8.14	2004.1.1

续表

序号	国家	签署日期	生效日期	执行日期
74	巴林 BAHRAIN	2002.5.16	2002.8.8	2003.1.1
75	希腊 GREECE	2002.6.3	2005.11.1	2006.1.1
76	吉尔吉斯 KYRGYZSTAN	2002.6.24	2003.3.29	2004.1.1
77	摩洛哥 MOROCCO	2002.8.27	2006.8.16	2007.1.1
78	斯里兰卡 SRILANKA	2003.8.11	2005.5.22	2006.1.1
79	特立尼达和多巴哥 TRINIDAD AND TOBAGO	2003.9.18	2005.5.22	针对不同所得项目 分别于 2005.6.1 和 2006.1.1 起执行
80	阿尔巴尼亚 ALBANIA	2004.9.13	2005.7.28	2006.1.1
81	文莱 BRUNEI	2004.9.21	2006.12.29	2007.1.1
82	阿塞拜疆 AZERBAIJAN	2005.3.17	2005.8.17	2006.1.1
83	格鲁吉亚 GEORGIA	2005.6.22	2005.11.10	2006.1.1
84	墨西哥 MEXICO	2005.9.12	2006.3.1	2007.1.1
85	沙特阿拉伯 SAUDI ARABIA	2006.1.23	2006.9.1	2007.1.1
86	阿尔及利亚 ALGERIA	2006.11.6	2007.7.27	2008.1.1
87	新加坡 SINGAPORE	2007.7.11	2007.9.18	2008.1.1
88	塔吉克斯坦 TAJIKISTAN	2008.8.27	2009.3.28	2010.1.1
89	埃塞俄比亚 ETHIOPIA	2009.5.14	（尚未生效）	
90	土库曼斯坦 TURKMENISTAN	2009.12.13	2010.5.30	
91	捷克 CZECH	2009.8.28	2011.5.4	2012.1.1

续表

序号	国家	签署日期	生效日期	执行日期
92	比利时 BELGIUM	2009.10.7	（尚未生效）	
93	芬兰 FINLAND	2010.5.25	2010.11.25	2011.1.1
94	赞比亚 ZAMBIA	2010.7.26	（尚未生效）	
95	马耳他 MALTA	2010.10.18	（尚未生效）	
96	叙利亚 SYRIA	2010.10.31	（尚未生效）	

注：加 * 号者表示中国政府与该国政府重新签订的避免对所得双重征收和防止偷漏税协定尚未生效。

1. 中国政府于 1985 年 6 月 10 日、1987 年 6 月 8 日先后与德意志联邦共和国、德意志民主共和国政府签订避免对所得和财产双重征税协定、避免对所得双重征税和防止偷漏税协定。1990 年 10 月 3 日，德意志联邦共和国与德意志民主共和国统一为德意志联邦共和国，中国政府 1985 年 6 月 10 日与德意志联邦共和国政府签订的避免对所得和财产双重征税协定继续适用于统一以后的德意志联邦共和国。

2. 中国政府于 1987 年 6 月 11 日与捷克和斯洛伐克社会主义共和国政府签订避免对所得双重征税和防止偷漏税协定。1990 年，捷克和斯洛伐克社会主义共和国先后改国名为捷克斯洛伐克联邦共和国、捷克和斯洛伐克联邦共和国，上述协定继续适用。1993 年 1 月 1 日，捷克和斯洛伐克联邦共和国分解为捷克共和国和斯洛伐克共和国，上述协定继续适用于斯洛伐克共和国。2009 年 8 月 28 日，中国政府与捷克共和国政府签订避免对所得双重征税和防止偷漏税协定，该协定适用于捷克共和国。

3. 中国政府于 1988 年 12 月 2 日与南斯拉夫社会主义联邦共和国议会联邦执行委员会（前南斯拉夫政府）签订避免对所得和财产双重征税协定，后前南斯拉夫解体，据外交部告，该协定由解体后的各国继承，中国政府陆续与解体后的各国政府签订避免对所得和财产双重征税协定，仅有波黑政府未单独签订，上述协定继续适用于波黑。

4. 中国政府于 1997 年 3 月 21 日与南斯拉夫联盟共和国联盟政府（原南斯拉夫联盟政府）签订避免对所得和财产双重征税协定。2003 年 2 月 4 日，南斯拉夫联盟共和国改国名为塞尔维亚和黑山共和国，上述协定继续适用。2006 年 6 月 3 日，塞尔维亚和黑山共和国分解为塞尔维亚共和国和黑山共和国，上述协定继续适用于上述两国。

表 1-6　与香港特别行政区（HKSAR）和澳门特别行政区（MCSAR）的安排

序号	地区	签署日期	生效日期	执行日期
1	香港特别行政区 HKSAR	2006.8.21	2006.12.8	内地（Mainland）：2007.1.1 香港（HKSAR）：2007.4.1
2	澳门特别行政区 MCSAR	2003.12.27	2003.12.30	2004.1.1

◆ 税收协定关于非独立个人劳务停留期间的规定

(1) 判断纳税人在税收协定规定的期间中在中国境内是否连续或累计居住超过 183 日时，居住时间的确定，应按有关人、出境证明，依据各税收协定具体规定予以计算。凡税收协定规定的停留期间以历年或纳税年度计算的，应自当年 1 月 1 日起至 12 月 31 日止的期间计算居住时间；凡税收协定规定的停留期间以任何 12 个月或 365 日计算的，应自缔约国对方居民个人来华之日起，跨年度在任何 12 个月或 365 日内计算其居住时间。

(2) 关于"在税收协定规定的期间中在中国境内连续或累计居住不超过 183 日的个人"，"应仅就其实际在中国境内工作期间由中国境内企业或个人雇主支付或者由中国境内机构负担的工资薪金所得申报纳税"的规定，其中"中国境内机构负担的工资薪金所得"，凡涉及税收协定的，是指上述机构已构成常设机构，且在据实计算征收企业所得税，或采取核定利润方法计征企业所得税或采取按经费支出额核定方法计征企业所得税时，该机构已负担的有关人员的工资薪金所得。

表 1-7 税收协定关于"停留期间"规定及其适用国家一览表

<table>
<tr><th>条文规定</th><th>适用国家</th></tr>
<tr><td rowspan="4">缔约国一方居民因在缔约国另一方受雇取得的报酬，同时具有以下三个条件的，应仅在该缔约国一方征税：
(1) 收款人在有关历年中，在该缔约国另一方停留连续或累计不超过 183 日；
(2) 该项报酬由并非该缔约国另一方居民的雇主或代表该雇主支付；
(3) 该项报酬不是由雇主设在该缔约国另一方的常设机构或固定基地所负担。</td><td>日本、美国、法国、比利时、德国、马来西亚、丹麦、新加坡、芬兰、加拿大、瑞典、意大利、荷兰、原捷克和斯洛伐克、波兰、原南斯拉夫、保加利亚、巴基斯坦、科威特、瑞士、塞浦路斯、西班牙、罗马尼亚、奥地利、巴西、蒙古、匈牙利、马耳他</td></tr>
<tr><td>"有关历年"表述为"有关会计年度"的国家有：英国</td></tr>
<tr><td>"有关历年"表述为"有关纳税年度"的国家有：印度</td></tr>
<tr><td>"有关历年"表述为"在任何 12 个月"的国家有：挪威、新西兰、泰国、澳大利亚、韩国</td></tr>
</table>

注：对于挪威居民，如果雇佣从事近海海域的自然资源的勘探或开发活动，在任何 12 个月中累计超过 30 日，该居民取得的工资薪金和类似报酬，不论是由谁支付的，都可以在我国征税。

实例详解

【例 1-6】 美国居民劳拉 2010 年 1 月 1 日来中国北京讲学，于 2010

年 12 月 31 日离京回国，期间两次回国，时间分别为 7 日，10 日。在判定其纳税义务时应如何计算其在中国境内居住天数和实际工作天数？

【分析】 劳拉作为外籍人在中国境内居住天数决定其在华是否负有纳税义务。根据规定，“个人入境、离境、往返或多次往返境内外的当日，均按 1 日计算其在华实际逗留天数”，“按半天计算其在华实际工作天数”，“临时离境的，不扣减天数，连续计算”，劳拉在华居住天数为 365 日，而实际工作天数则为 362 日。劳拉应视为在中国境内没有住所而在中国境内居住满 1 年的居民纳税人。

【例 1-7】 某美籍工程师，2011 年在中国一外商投资企业工作 100 日（美国与中国签订税收协定），其工资薪金所得是否在中国境内申报纳税？

【分析】

该工程师在华工作期间所得到的工资薪金如果由在美国的公司支付并负担，根据税收协定及税法的规定，其所得可不在中国境内申报纳税。

如果该工程师在中国工作期间的工资薪金是由中国境内企业支付或负担，那么，其所得应在中国境内申报纳税。

【例 1-8】 某人为一家美国外企公司外籍雇员，2010 年被派到中国境内工作，工作时间为 200 日，其工资、薪金所得是由境外公司支付的，且不是由该公司在中国境内的机构负担。这位外籍个人的工资薪金在中国境内申报纳税吗？

【分析】

该外籍个人的工资薪金所得虽不是由该公司在中国境内的机构负担，但由于其在华时间超过了我国与其国家签订税收协定规定的 183 日的期限，故其在华取得的工资、薪金所得应按规定在中国境内申报缴纳个人所得税。

【例 1-9】 某外籍人，2010 年度在中国境内某外商投资企业任职，其中在境内企业工作 300 日，到境外出差 20 日，在境内休假 45 日。其月工薪所得 60 000 元，全部由境内企业支付。另外，当年在境外有股息收入 20 000 元，房屋租金收入 10 000 元。该外籍人在 2010 年度在中国应怎样缴纳个人所得税？

【分析】

(1) 该外籍人 2010 年到境外工作 20 日，一次离境未超过 30 日，属于临时离境，仍属于在华工作期间。

(2) 在境内休假 45 日，属于在华工作期间。

(3) 该外籍人在2010年度来华365日,已构成中国个人所得税居民纳税人,其在中国境内和境外取得的工资、薪金所得均应在中国申报纳税。

(4) 该外籍人在中国境内居住满1年,不满5年,其境外的其他所得,如股息收入和房屋租金收入,可以不在中国境内申报纳税。

(5) 该外籍人在2010年度每月从境内某外商投资企业取得的工资薪金6 000元,应按全额计算缴纳个人所得税。

【例1-10】 与我国未签有税收协定国家的某外籍个人担任我国境内一家外商投资企业的财务总监,同时还兼任该企业外方母公司的副经理,该人2010年度在境内履行职务实际工作135日,在境外母公司履行职务实际工作230日,每月分别取得境内和境外的工资(境外负担)。这位外籍个人2010年如何缴纳个人所得税?

【分析】

由于该外籍个人2010年度在我国境内居住不满1年,但已超过90日,外籍个人居住国没有与我国签订税收协定,该外籍人担任财务总监属于高管人员,因此其在我国境内实际工作135日期间取得的由境内和境外企业支付的工资、薪金一并缴纳个人所得税;对其在境外工作期间取得的由境内企业支付并负担的工资征税,境外企业支付并负担的工资不征收个人所得税。

【例1-11】 某外籍个人在我国境内一家外商投资企业任职,2010年度在我国境内实际工作340日,有25日出差在境外处理该企业业务事项。该企业每月支付其工资40 000元,外方公司每月另支付其工资5 000美元。该外籍个人在我国应怎样申报纳税?

【分析】

该外籍个人在境外出差25日,属于在中国境内任职,应与其他340日工作日一并作为在中国境内工作期间,其取得的由境内和境外企业支付的工资,均应在我国缴纳个人所得税。

【例1-12】 某美籍华人2010年度担任中国境内外商投资企业总经理,其实际在华工作时间180日,企业支付其工资每月40 000元。同时,该企业在境外的总机构,每月支付并负担其工资5 000美元,应如何确定其在华纳税义务?

【分析】

首先,该美籍华人在企业的职务属高层管理人员,2010年1月1日至 2010 年 12 月 31 日在华任职期间，企业支付的每月 40 000 元工资薪金应按规定全年在中国境内申报缴纳个人所得税。

其次，美国是和我国签订税收协定的国家，他在中国境内工作 180 日，根据税收协定，其在境外总机构支付的工资薪金 5 000 美元，可免予在我国申报纳税。

如果他所在国家和我国未签订税收协定，其在我国居住工作时间已超过 90 日，应就其在中国境外收入合并在中国计算缴纳个人所得税。

1.4 个人所得税的征税对象

要 点

个人所得税的征税对象是个人取得的应税所得。《中华人民共和国个人所得税法》列举征税的个人所得总共有 11 项，包括工资、薪金所得，个体工商户的生产、经营所得，对企事业单位的承包经营、承租经营所得，劳务报酬所得，稿酬所得，特许权使用费所得，利息、股息、红利所得，财产租赁所得，财产转让所得，偶然所得以及经国务院财政部门确定征税的其他所得。

解 释

◆ 工资、薪金所得

工资、薪金所得是指个人在企业、事业单位，社会团体或其他部门，因任职或者受雇而取得的工资、薪金、奖金、年终加薪、劳动分红、津贴、补贴以及与任职或者受雇有关的其他所得。

◆ 个体工商户的生产、经营所得

个体工商户的生产、经营所得的内容包括：

(1) 个体工商户从事工业、手工业、建筑业、交通运输业、商业、饮食业、服务业、修理业以及其他行业生产、经营取得的所得；

(2) 个人经政府有关部门批准，取得执照，从事办学、医疗、咨询以及其他有偿服务活动取得的所得；

(3) 其他个人从事个体工商户生产和经营取得的所得；

（4）上述个体工商户和个人取得的与生产、经营有关的各项应税所得。

◆ 对企事业单位的承包经营、承租经营所得

对企事业单位的承包经营、承租经营所得是指个人承包经营、承租经营以及转包、转租取得的所得，包括个人按月或者按次取得的工资、薪金性质的所得。

◆ 劳务报酬所得

劳务报酬所得是指个人与被服务单位或个人未建立劳动合同，没有稳定的、连续的劳动人事关系，而独立从事各种技艺提供劳务取得的所得。例如，从事设计、装潢、安装、制图、化验、测试以及医疗等取得的所得。各项劳务报酬的具体内容如下。

（1）设计是指按照客户的要求，代为制定工程或工艺等各类设计业务。

（2）装潢是指接受委托，对物体进行装饰、修饰，使之美观或具有特定用途的作业。

（3）安装是指按照客户的要求，对各种机器、设备的装配、安置以及与机器、设备相连的附属设施的装配和被安装机器设备的绝缘、防腐、保温和油漆等工程作业。

（4）制图是指受托按照实物或设想物体的形象，依体积、面积和距离等，用一定的比例绘制成平面图、立体图、透视图等业务。

（5）化验是指受托用物理或化学的方法，检验物质的成分和性质等业务。

（6）测试是指利用仪器、仪表或其他手段代客户对物品的性能和质量进行检测试验的业务。

（7）医疗是指从事各种病情诊断、治疗等医护业务。

（8）咨询是指对客户提出的政治、经济、科技、法律、会计和文化等方面的问题进行解答、说明的业务。

（9）会计是指受托从事会计核算的业务。

（10）法律是指受托担任辩护律师或法律顾问，撰写辩护词、起诉书等法律文书的业务。

（11）讲学是指应邀（聘）进行讲课、作报告和介绍情况等业务。

（12）新闻是指提供新闻信息、编写新闻消息的业务。

(13) 广播是指从事播音等劳务。

(14) 影视是指应邀或应聘在电影或电视节目中出任演员或担任导演、音响、化妆、道具、制作、摄影等与拍摄影、视节目有关的业务。

(15) 录音是指用录音器械代客户录制各种音响带的业务,或者应邀演讲、演唱、采访而被录音的服务。

(16) 录像是指用录像器械代客户录制各种图像、节目的业务,或者应邀表演,采访被录像的业务。

(17) 书画是指按照客户的要求,或自行从事书法、绘画和题词等业务。

(18) 雕刻是指代客户镌刻图章、牌匾、碑、玉器和雕塑等业务。

(19) 审稿是指对文字作品或图形作品进行审查、核对的业务。

(20) 翻译是指受托从事中、外语言或文字的翻译(包括笔译和口译)的业务。

(21) 演出是指参加戏剧、音乐、舞蹈和曲艺等文艺演出活动的业务。

(22) 表演是指从事杂技、体育、武术、健美、时装、气功以及其他技巧性表演活动的业务。

(23) 广告是指利用图书、报纸、杂志、广播、电视、电影、招贴、路牌、橱窗、霓虹灯、灯箱、墙面及其他载体,为介绍商品、经营服务项目、文体节目或通告、声明等事项,所作的宣传和提供相关服务的业务。

(24) 展览是指举办或参加书画展、影展、盆景展、邮展、个人收藏品展和花鸟虫鱼展等各种展示活动的业务。

(25) 技术服务是指利用一技之长,而进行技术指导、提供技术帮助的业务。

(26) 经纪服务是指经纪人通过居间介绍,促成各种交易和提供劳务等服务的业务。

(27) 介绍服务是指介绍供求双方商谈,或者介绍产品、经营服务项目等服务的业务。

(28) 代办服务是指代委托人办理受托范围内的各项事宜的业务。

(29) 其他劳务是指上述列举的28个项目以外的各种劳务。

◆ 稿酬所得

稿酬所得是指个人因其作品以图书或报刊等形式出版、发表而取得的所得。作品包括文字作品、书画作品、摄影作品以及其他作品。

将稿酬所得独立划归为一个征税项目,而对不以图书或报刊形式出版、发表的翻译、审稿、书画所得归为劳务报酬所得,主要是考虑了出版、发表作品的特殊性，具体表现如下：

(1) 它是一种依靠较高智力创作的精神产品；

(2) 它具有普遍性；

(3) 它与社会主义精神文明和物质文明密切相关；

(4) 它的报酬相对偏低。

所以，稿酬所得应当与一般劳务报酬相对区别，并且给予适当的优惠照顾。

◆ 特许权使用费所得

特许权使用费所得是指个人提供专利权、商标权、著作权、非专利技术以及其他特许权的使用权取得的所得。提供著作权的使用权取得的所得，不包括稿酬所得。

(1) 专利权是指由国家专利主管机关依法授予专利申请人或其权利继承人在一定期间内实施其发明创造的专有权。我国将个人提供和转让专利权取得的所得，都列入特许权使用费所得征收个人所得税。

(2) 商标权是指商标注册人依照法律规定而取得的对其注册商标在核定商品上使用的独占使用权。

(3) 著作权即版权，是指作者对其创作的文学、科学和艺术作品依法享有的某些特殊权利。

(4) 非专利技术是指专利技术以外的专有技术。

◆ 利息、股息、红利所得

利息、股息、红利所得是指个人拥有债权、股权而取得的利息、股息、红利所得。

(1) 利息是指个人拥有债权而取得的利息。它包括存款利息、贷款利息和各种债券的利息。

(2) 股息、红利是指个人拥有股权取得的股息、红利。

股息是指按照一定的比率对每股发给的息金。

红利是根据公司、企业应分配的、超过股息部分的利润，按股派发的红股。

◆ 财产租赁所得

财产租赁所得是指个人出租建筑物、土地使用权、机器设备、车船以及其他财产取得的所得。

个人取得的财产转租收入，属于财产租赁所得的征税范围，由财产转租人缴纳个人所得税。在确定纳税义务人时，应以产权凭证为依据；对无产权凭证的，由主管税务机关根据实际情况确定。产权所有人死亡，在未办理产权继承手续期间，该财产出租而有租金收入的，以领取租金的个人为纳税义务人。

◆ **财产转让所得**

财产转让所得是指个人转让有价证券、股权、建筑物、土地使用权、机器设备、车船以及其他财产取得的所得。

在现实生活中，个人进行的财产转让主要是个人财产所有权的转让。财产转让实际是一种买卖行为，当事人双方通过签订、履行财产转让合同，形成财产买卖的法律关系，使出让财产的个人从对方取得价款（收入）或其他经济利益。财产转让所得因其性质的特殊性，需要单独列项征税。考虑到我国证券市场尚不成熟，为了有利于证券市场的稳定发展，对深、沪两地上市交易的股票（基金）转让所得暂免征收个人所得税。

◆ **偶然所得**

偶然所得是指个人得奖、中奖、中彩以及其他偶然性质的所得。

(1) 得奖是指参加各种有奖竞赛活动取得名次得到的奖金。

(2) 中奖、中彩是指参加各种有奖活动，如有奖储蓄、有奖销售，或者购买彩票，经过规定程序，抽中、摇中号码而取得的奖金。

◆ **经国务院财政部门确定征税的其他所得**

经国务院财政部门确定征税的其他所得是指在经济、生活中如出现上述十项应税项目以外的个人所得需由国务院财政部门重新确认。“财政部门”是指财政部和国家税务总局。

个人取得的所得，难以界定应纳税所得项目的，由主管税务机关确定。

相关知识

◆ **工资、薪金所得与劳务报酬所得的差异**

工资、薪金所得和劳务报酬所得都是个人提供劳务取得的劳动报酬所得。其区别之处如表1-8所示。

表 1-8 工资、薪金所得与劳务报酬所得的差异

序号	差异项目	具体内容
1	劳动关系不同	工资、薪金所得存在雇佣与被雇佣关系，劳务报酬所得则不存在雇佣与被雇佣关系。 工资、薪金所得的前提是任职或受雇，个人在国家机关、事业单位、社会团体、部队、学校等企事业单位任职。受雇即个人和被提供劳务的单位签订了劳动合同存在雇佣关系。劳务报酬所得不存在和被提供劳务单位的任职、受雇的前提，不存在雇佣关系。
2	提供劳务的性质不同	工资、薪金所得的个人提供劳务一般都代表或反映了被雇佣单位的形象或利益，个人和单位的劳动关系属于紧密型。 劳务报酬所得提供的劳务是个人独立行为，个人与被服务单位的劳动关系属于松散型。
3	所得的形式不同	工资、薪金所得的表现形式往往是多样性的，包括工资、薪金、奖金、年终加薪、补贴、津贴等。 劳务报酬所得的表现形式则较为单一。

1.5 个人所得税的税率

要 点

税率是应纳税额占应纳税所得额的比率，它是税收制度的中心环节，是衡量纳税人税收负担的重要标志。本节主要介绍个人所得税税率的基本规定及各项应税所得的税率。

解 释

◆ **个人所得税税率的基本规定**

我国现行的个人所得税法对不同的应税所得项目分别采用了超额累进税率和比例税率。

(1) 超额累进税率，是将同一课税对象按数额大小划分为若干个等级，对每个等级分别按其相应等级的税率计征税款。课税对象数额越大，对应的等级税率越高，反之，税率越低。

(2) 比例税率，是对同一课税对象，不论数额大小只规定一个税率。税率不因课税对象数量的大小变化而变化。比例税率又分为差额比例税率和全额比例税率。

(3) 速算扣除数计算公式

分等级运用超额累进税率的计算方法，在计算纳税时比较烦琐，运用速算扣除数计算法，可以简化计算过程。运用速算扣除数法计算应纳税额的公式是：

应纳税额＝应纳税所得额×税率－速算扣除数

◆ **各项应税所得的税率**

个人所得税的税率采取了超额累进税率和比例税率两种形式。

(1) 工资、薪金所得适用3%～45%的七级超额累进税率，如表1-9所示。

表1-9 工资、薪金所得适用税率表

级数	全月应纳税所得额		税率(%)	速算扣除数
	含税级距	不含税级距		
1	不超过1 500元的部分	不超过1 455元的部分	3	0
2	超过1 500元至4 500元的部分	超过1 455元至4 155元的部分	10	105
3	超过4 500元至9 000元的部分	超过4 155元至7 755元的部分	20	555
4	超过9 000元至35 000元的部分	超过7 755元至27 255元的部分	25	1 005
5	超过35 000元至55 000元的部分	超过27 255元至41 255元的部分	30	2 755
6	超过55 000元至80 000元的部分	超过41 255元至57 505元的部分	35	5 505
7	超过80 000元的部分	超过57 505元的部分	45	13 505

注：1. 本表所列含税级距与不含税级距，均为按照税法规定减除有关费用后的所得额；

2. 含税级距适用于由纳税人负担税款的工资、薪金所得；不含税级距适用于由他人(单位)代付税款的工资、薪金所得。

(2) 个体工商户的生产、经营所得，对企事业单位的承包经营、承租经营所得，个人独资企业和合伙企业的生产经营所得适用5%～35%的五级超额累进税率，如表1-10所示。

表1-10 个体工商户的生产、经营所得和对企事业单位承包经营、承租经营所得适用税率表

级数	全年应纳税所得额	税率(%)
1	不超过15 000元的部分	5
2	超过15 000元至30 000元的部分	10
3	超过30 000元至60 000元的部分	20
4	超过60 000元至100 000元的部分	30
5	超过100 000元的部分	35

注：本表所称全年应纳税所得额是指依照《中华人民共和国个人所得税法》第六条的规定，以每一纳税年度的收入总额减除成本、费用以及损失后的余额。

(3) 劳务报酬所得，稿酬所得，特许权使用费所得，利息、股息、红利所得，财产租赁所得，财产转让所得，偶然所得和其他所得适用20%的比例税率。

(4) 稿酬所得适用20%的差额比例税率，每次收入不超过4 000元的，减除费用800元；每次收入在4 000元以上的，减除20%的费用。并按应纳税额减征30%。

(5) 特许权使用费所得、财产租赁所得、财产转让所得适用20%的差额比例税率。每次收入不超过4 000元的，减除800元费用；每次收入在4 000元以上的减除20%费用，其余额为应纳税所得税适用20%税率。

(6) 利息、股息、红利所得，偶然所得和其他所得，均适用20%的全额比例税率。

两个或两个以上的个人共同取得同一项目收入的，应当对每个人取得的收入分别按照税法规定减除费用后计算纳税。

实例详解

【例1-13】 某公司职员王刚2011年10月工资薪金所得5 800元(不含“三费一金”)，当月为学生提供家教取得劳务报酬所得3 800元，向报社投稿取得稿酬2 000元，王刚10月份各项所得适用税率如何确定？

【分析】 王刚10月份取得的三项收入的适用税率如下：

工薪应纳税额＝(5 800－3 500)×10%－105＝125(元)

劳务报酬应纳税额＝(3 800－800)×20%＝600(元)

稿酬应纳税额＝(2 000－800)×20%×(1－30%)＝168(元)

【例1-14】 张宇、王鑫和李瑞三人合作编写一个剧本，被某影视公司采纳，改编成电视剧，支付酬金120 000元。按照三人协议，酬金的分配的比例为5∶3∶2，该影视公司应如何扣缴三人的个人所得税？

【分析】 三人取得的酬金应为特许权使用费所得，该影视公司应分别按每个人实际取得的所得扣缴其个人所得税。

张宇应纳税额＝60 000×(1－20%)×20%＝9 600(元)

王鑫应纳税额＝36 000×(1－20%)×20%＝5 760(元)

李瑞应纳税额＝24 000×(1－20%)×20%＝3 840(元)

合计应纳税额＝9 600＋5 760＋3 840＝19 200(元)

该影视公司应扣缴三人个人所得税19 200元。

1.6 个人所得税的计税依据

要 点

个人所得税的计税依据是纳税人取得的应纳税所得额。应纳税所得额是个人取得的各项收入减去税法规定的扣除项目或扣除金额之后的余额。正确计算应纳税所得额,是依法征收个人所得税的基础和前提。

解 释

◆ 一般规定

1. 收入的形式

个人所得的形式,包括现金、实物、有价证券和其他形式的经济利益。所得为实物的,应当按照所取得的凭证上注明的价格计算应纳税所得额;无凭证的实物或者凭证上所注明的价格明显偏低的,参照市场价格核定应纳税所得额;所得为有价证券的,根据票面价格和市场价格核定应纳税所得额。所得为其他形式的经济利益的,参照市场价格核定应纳税所得额。

2. 计税方法

我国现行的个人所得税采取分项确定、分类扣除,根据其所得的不同情况分别实行定额、定率和会计核算三种扣除办法。

(1) 对工资、薪金所得涉及的个人生计费用,采取定额扣除的办法。

(2) 个体工商户的生产、经营所得和对企事业单位的承包经营、承租经营所得及财产转让所得,涉及生产、经营有关成本或费用的支出,采取会计核算办法扣除有关成本、费用或规定的必要费用。

(3) 对劳务报酬所得、稿酬所得、特许权使用费所得、财产租赁所得,因涉及既要按照一定比例合理扣除费用,又要避免扩大征税范围等两个需同时兼顾的因素,所以采取定额和定率两种扣除办法。

(4) 利息、股息、红利所得和偶然所得,因不涉及必要费用的支付,所以规定不得扣除任何费用。

◆ 特殊规定

(1) 个人将其所得通过中国境内的社会团体、国家机关向教育和其他社会公益事业以及遭受严重自然灾害地区和贫困地区的捐赠,捐赠额未超过纳税人申报的应纳税所得额30%的部分，可以从应纳税所得额中扣除，超过部分不得扣除。

(2) 个人通过非营利性的社会团体和国家机关向红十字事业的捐赠，在计算缴纳个人所得税时，准予在税前的所得额中全额扣除。

(3) 自2001年7月1日起，个人通过非营利的社会团体和国家机关向农村义务教育的捐赠，在计算缴纳个人所得税时，准予在税前的所得额中全额扣除。

农村义务教育的范围是指政府和社会力量举办的农村乡镇（不含县和县级市政府所在地的镇）、村的小学和初中以及属于这一阶段的特殊教育学校。纳税人对农村义务教育与高中在一起的学校的捐赠，也享受规定的所得税前扣除政策。

接受捐赠或办理转赠的非营利的社会团体和国家机关，应按照财务隶属关系分别使用由中央或省级财政部门统一印（监）制的捐赠票据，并且加盖接受捐赠或转赠单位的财务专用印章。税务机关据此对捐赠个人进行税前扣除。

(4) 个人通过非营利性社会团体和国家机关对公益性青少年活动场所（其中包括新建）的捐赠，在计算缴纳个人所得税时，准予在税前的所得额中全额扣除。

公益性青少年活动场所是指专门为青少年学生提供科技、文化、德育、爱国主义教育、体育活动的青少年宫和青少年活动中心等校外活动的公益性场所。

(5) 个人的所得（不含偶然所得、经国务院财政部门确定征税的其他所得）用于对非关联的科研机构和高等学校研究开发新产品、新技术和新工艺所发生的研究开发经费的资助，可以全额在下月（工资、薪金所得）或下次（按次计征的所得）或当年（按年计征的所得）计征个人所得税时，从应纳税所得额中扣除，不足以抵扣的，不得结转抵扣。

(6) 对个人通过公益性社会团体、县级以上人民政府及其部门向汶川大地震受灾地区的捐赠，允许在当年个人所得税前全额扣除。

实例详解

【例1-15】 2010年8月，歌手李某应邀到某地演出，报酬30 000元。李某将其中15 000元通过该地教育局捐赠给某山村小学。问李某的应纳税所得额为多少？

【分析】 李某的捐赠属于向农村义务教育的捐赠，15 000元可全额扣除。

应纳税所得额＝30 000×(1－20％)－15 000＝9 000(元)

【例 1-16】 王某(中国公民)是境内某公司职工,2011 年 11 月应税工资奖金收入(不包括“三费一金”)5 700 元,任职单位代扣代缴了个人所得税。王某领取工资后,通过市科委资助某科研机构新技术开发经费 2 100 元,已取得相关证明并且送交本单位财务处。12 月,王某应税工资奖金收入 5 800 元。

(1) 计算王某 12 月份的应纳税所得额。

(2) 若王某通过市科委资助某科研机构新技术开发经费不是 2 100 元,而是 2 500 元,则王某 12 月份的应纳税所得额为多少?

【分析】

(1) 应纳税所得额＝(5 800－3 500)－2 100＝200(元)

(2) 若王某通过市科委资助某科研机构新技术开发经费是 2 500 元,2 500＞(5 800－3 500),所以

应纳税所得额＝(5 800－3 500)－2 500＜0,即应纳税所得额＝0(元)

实战训练

一、单项选择题

1. 下列利息、股息、红利所得中,应当征收个人所得税的是(　　)。

A. 国库券利息　　B. 国家发行的金融债券利息

C. 个人取得的教育储蓄存款利息　　D. 境外储蓄存款利息

2. 下列应税项目中,以一个月为一次确定应纳税所得额的是(　　)。

A. 劳务报酬所得　　B. 特许权使用费所得

C. 财产租赁所得　　D. 财产转让所得

3. 下列选项中,不应征收个人所得税的是(　　)。

A. 股息、红利所得　　B. 中奖、中彩所得

C. 金融债券利息　　D. 转让境内上市公司股票所得

4. 下列各项中,以每次收入额为应纳税所得额的是(　　)。

A. 特许权使用费所得　　B. 劳务报酬所得

C. 利息、股息、红利所得　　D. 财产转让所得

5. 在计算个人所得税时允许扣除法定费用的是(　　)。

A. 红利所得　　B. 股息所得

C. 有奖销售中奖所得　　D. 租赁财产所得

二、多项选择题

1. 个人所得税的征税对象包括(　　)。

A. 工资、薪金所得　　B. 个体工商户的生产、经营所得

C. 利息、股息、红利所得　　D. 劳务报酬所得

2. 特许权使用费所得是指个人提供(　　)特许权取得的所得。

A. 专利权　　B. 商标权

C. 著作权　　D. 非专利技术以及其他特许权

3. 个人所得的形式包括(　　)。

A. 现金　　B. 实物

C. 有价证券　　D. 其他形式的经济利益

4. 下列各项中,(　　)是个人所得税的纳税人。

A. 中国境内有住所的个人

B. 中国境内无住所但是在境内居住满 1 年的个人

C. 中国境内无住所又不居住或居住不满 1 年但有从中国境内取得所得的个人

D. 中国境内无住所但是在境内居住满 5 年的个人

5. 关于工资、薪金所得适用税率的阐述,正确的是(　　)。

A. 不超过 1 500 元的适用 10%税率

B. 超过 4 500 元至 9 000 元的部分适用 15%税率

C. 超过 1 500 元至 4 500 元的部分适用 10%税率

D. 超过 4 500 元至 9 000 元的部分适用 20%税率

三、判断题

1. 著作权的使用权取得的所得包括稿酬所得。(　　)

2. 个人通过非营利性的社会团体和国家机关向红十字事业的捐赠,在计算缴纳个人所得税时,准予在税前的所得额中全额扣除。(　　)

3. 对于居住满 5 年的个人,从第 6 年起,以后的各年度中,凡在境内居住的,就其来源于中国境内、境外的全部所得缴纳个人所得税。(　　)

4. 个人将其所得通过中国境内的社会团体、国家机关向教育和其他社会公益事业以及遭受严重自然灾害地区和贫困地区的捐赠,捐赠额未超过纳税人申报的应纳税所得额 20%的部分,可以从应纳税所得额中扣除。(　　)

5. 对稿酬所得,规定在适用税率征税时,按应纳税额减征 20%。(　　)

四、问答题

1. 我国公民王先生受公司委派前往公司驻美国办事处工作，任职时间为 18 个月。赴美国前，依据政府有关规定，他到户籍管理部门办理了户籍注销手续。请问王先生在驻美工作期间，是否属于我国的居民纳税人？

2. 法国公民史密特先生因公于 2011 年 1 月 1 日入境来华工作，2011 年 12 月 31 日离境回国。在此期间，他因出差和旅游先后两次离开中国，每次时间分别为 40 日和 10 日。在计算史密特先生在华居住时间时，是否可以扣除其两次离境时间？他是否为我国个人所得税的居民纳税人？

第2章

工资薪金所得应纳税额的计算

2.1 一般工资薪金所得

要 点

本节主要介绍一般工资薪金所得应纳税额的计税规定，包括全年一次性奖金的计税规定，个人取得不含税全年一次性奖金的计税规定，从两处或两处以上取得工资、薪金所得的计税规定，境内、境外分别取得工资、薪金所得的计税规定以及在中国境内、境外企业兼任职务取得工资、薪金所得的计税规定等。

解 释

◆ **基本规定与应纳税额计算**

工资、薪金所得实行按月计征的办法。所以，工资、薪金所得以个人每月收入额固定减除 3 500 元费用后的余额为应纳税所得额。计算公式如下：

应纳税所得额＝月工资、薪金收入－3 500

未经全国人民代表大会及其常委会授权，任何地区、部门和单位均不得擅自提高个人所得税费用扣除标准，不得随意变通或超越权限扩大不征税项目的适用范围。根据《中华人民共和国税收征收管理法》，对于一些地方违反统一政策，擅自提高个人所得税费用扣除标准和扩大不征税项目适用范围的规定，各级税务机关一律不得执行，已执行的必须予以纠正。从 2011 年 9 月 1 日起，每月扣除固定费用由 2 000 元调整为 3 500 元。

一般工资、薪金所得应纳个人所得税的计算：

工资、薪金所得适用七级超额累进税率，按照每月收入定额扣除 3 500 元或 4 800 元，其余额作为应纳税所得额，按适用税率计算应纳税额。其计算公式如下：

应纳税额＝应纳税所得额×适用税率－速算扣除数

＝(每月收入额－3 500或4 800)×适用税率－速算扣除数

由于个人所得税适用税率中的各级距均为扣除费用后的应纳税所得额，所以，在确定适用税率时，不能以每月全部工资、薪金所得为依据，而只能以扣除规定费用后的余额为依据，找出对应级次的税率。

◆ 特殊规定与应纳税额计算

1. 附加减除费用的适用范围和计算公式

《中华人民共和国个人所得税法》对工资、薪金所得规定的普遍适用的减除费用标准为每月3 500元。但是，对在中国境内无住所而在中国境内取得工资、薪金所得的纳税义务人和在中国境内有住所而在中国境外取得工资、薪金所得的纳税义务人，税法根据其平均收入水平、生活水平以及汇率变化情况，确定每月再附加减除费用1 300元。其应纳税所得额的计算公式如下：

应纳税所得额＝月工资、薪金收入－3 500－1 300

即：应纳税所得额＝月工资、薪金收入－4 800

附加减除费用所适用的具体范围如下：

(1) 在中国境内的外商投资企业和外国企业中工作的外籍人员；

(2) 应聘在中国境内企业、事业单位、社会团体、国家机关中工作的外籍专家；

(3) 在中国境内有住所而在中国境外任职或者受雇取得工资、薪金所得的个人；

(4) 国务院财政、税务部门确定的其他人员。

此外，附加减除费用也适用于华侨和香港、澳门、台湾同胞。

华侨是指定居在国外的中国公民。具体界定如下。

① "定居"是指中国公民已取得住在国长期或者永久居留权，并且已在住在国连续居留两年，两年内累计居留不少于18个月。

② 中国公民虽未取得住在国长期或者永久居留权，但是已取得住在国连续5年以上(含5年)合法居留资格，5年内在住在国累计居留不少于30个月，也视为华侨。中国公民出国留学(包括公派和自费)在外学习期间，或因公务出国(包括外派劳务人员)在外工作期间，均不视为华侨。

2. 单位为纳税人负担税款的计算公式

$$应纳税所得额=\frac{不含税工资、薪金所得-费用扣除标准-速算扣除数}{1-税率}$$

应纳税额＝应纳税所得额×税率－速算扣除数

◆ 全年一次性奖金的计税规定

全年一次性奖金是指行政机关、企事业单位等扣缴义务人根据其全年经济效益和对雇员全年工作业绩的综合考核情况，向雇员发放的一次性奖金，包括年终加薪，实行年薪制和绩效工资办法的单位根据考核情况兑现的年薪和绩效工资。

纳税人取得全年一次性奖金，单独作为一个月工资、薪金所得计算纳税，自 2005 年 1 月 1 日起按以下计税办法，由扣缴义务人在发放时代扣代缴。

(1) 先将雇员当月内取得的全年一次性奖金，除以 12 个月，按其商数确定适用税率和速算扣除数。

若在发放年终一次性奖金的当月，雇员当月工资、薪金所得低于税法规定的费用扣除额，应将全年一次性奖金减除“雇员当月工资、薪金所得与费用扣除额差额”后的余额，按照上述办法确定全年一次性奖金的适用税率和速算扣除数。

(2) 将雇员个人当月内取得的全年一次性奖金，按照第(1)项确定的适用税率和速算扣除数计算征税，计算公式如下。

① 若雇员当月工资、薪金所得高于(或等于)税法规定的费用扣除额，适用的计算公式为：

应纳税额＝雇员当月取得全年一次性奖金×适用税率－速算扣除数

② 若雇员当月工资、薪金所得低于税法规定的费用扣除额，适用的计算公式为：

应纳税额＝(雇员当月取得全年一次性奖金－雇员当月工资、薪金所得与费用扣除额的差额)×适用税率－速算扣除数

(3) 在一个纳税年度内，对每一个纳税人，该计税办法只允许采用一次。

(4) 实行年薪制和绩效工资的单位，个人取得年终兑现的年薪和绩效工资按照第(2)项、第(3)项规定执行。

(5) 雇员取得除全年一次性奖金以外的其他各种名目奖金，如半年奖、季度奖、加班奖、先进奖和考勤奖等，一律与当月工资、薪金收入合并，按照税法规定缴纳个人所得税。

(6) 对无住所个人取得第(5)项所述的各种名目奖金，若该个人当月在我国境内没有纳税义务，或者该个人由于出入境原因导致当月在我国工作时间不满一个月的，仍按照《国家税务总局关于在中国境内无住所的个人取得奖金征税问题的通知》(国税发[1996]183 号)计算纳税。

◆ **个人取得不含税全年一次性奖金的计税规定**

(1) 根据《国家税务总局关于印发〈征收个人所得税若干问题的规定〉的通知》,个人取得不含税的全年一次性奖金首先要将不含税的全年一次性奖金换算为含税的全年一次性奖金,其计征个人所得税的具体方法为:

① 按照不含税的全年一次性奖金收入除以 12 的商数,查找相应适用税率和速算扣除数;

② 含税的全年一次性奖金收入=(不含税的全年一次性奖金收入-速算扣除数)÷(1-适用税率);

③ 按照含税的全年一次性奖金收入除以 12 的商数,重新查找适用税率和速算扣除数;

④ 应纳税额=含税的全年一次性奖金收入×适用税率-速算扣除数。

(2) 若纳税人取得不含税全年一次性奖金收入的当月工资、薪金所得,低于税法规定的费用扣除额,应先将不含税全年一次性奖金减去当月工资、薪金所得低于税法规定费用扣除额的差额部分后,再按照上述规定处理。

(3) 根据《企业所得税法》和《个人所得税法》的现行规定,企业所得税的纳税人、个人独资和合伙企业、个体工商户为个人支付的个人所得税款,不得在所得税前扣除。

◆ **从两处或两处以上取得工资、薪金所得的计税规定**

对个人在中国境内两处或两处以上取得工资、薪金所得,应将所得合并计算应纳税额,只允许扣除一次费用额。

◆ **境内、境外分别取得工资、薪金所得的计税规定**

纳税人在境内、境外同时取得工资、薪金所得,应首先判断其境内、境外取得的所得是否来源于一国的所得。若因任职、受雇、履约等而在中国境内提供劳务取得所得,无论支付地点是否在中国境内,均为来源于中国境内的所得。纳税人能够提供在境内、境外同时任职或者受雇及其工资、薪金标准的有效证明文件,可判定其所得是分别来自境内和境外的,应分别减除费用后计算纳税。若纳税人不能提供上述证明文件,则应视为来源于一国所得。若其任职或者受雇单位在中国境内,应为来源于中国境内的所得;若其任职或受雇单位在中国境外,应为来源于中国境外的所得,依照有关规定计税。

◆ **在中国境内、境外企业兼任职务取得工资、薪金所得的计税规定**

个人分别在中国境内和境外、机构兼任职务的，不论其工资、薪金是否按职务分别确定，均应就其所得的工资、薪金总额，依据《中华人民共和国个人所得税法》及国家税务总局《关于在中国境内无住所的个人取得工资薪金所得纳税义务问题的通知》(国税发[1994]148 号)的有关条款规定，按其实际在中国境内的工作期间确定纳税。

◆ **雇佣和派遣单位分别支付工资、薪金所得的计税规定**

在外商投资企业、外国企业和外国驻华机构工作的中方人员取得的工资、薪金收入，凡是由雇佣单位和派遣单位分别支付的，支付单位应依法代扣代缴个人所得税。纳税义务人应以每月全部工资、薪金收入减除规定费用后的余额为应纳税所得额。对雇佣单位和派遣单位分别支付工资、薪金的，采取由支付者中的一方减除费用的方法，即只由雇佣单位在支付工资、薪金时，按照税法规定减除费用，计算扣缴个人所得税；派遣单位支付的工资、薪金不再减除费用，以支付全额直接确定适用税率，计算扣缴个人所得税。

上述纳税义务人，应持两处支付单位提供的原始明细工资、薪金单(书)和完税凭证原件，选择并且固定到一地税务机关申报每月工资、薪金收入，汇算清缴其工资、薪金收入的个人所得税，多退少补。

相关知识

◆ **外商投资企业、外国企业和外国驻华机构发放给中方工作人员的工资、薪金所得的计税规定**

对于外商投资企业、外国企业和外国驻华机构发放给中方工作人员的工资、薪金所得，应全额计税。但是对于可以提供有效合同或有关凭证，能够证明其工资、薪金所得的一部分按有关规定上缴派遣(介绍)单位的，可以扣除其实际上缴的部分，按其余额计征个人所得税。

实例详解

【例 2-1】　赵某(中国公民)是某单位职工，2011 年 10 月应税工资收入(不包括按规定缴纳的“三费一金”)为 4 400 元。计算 10 月份的应纳税额。

【分析】

应纳税额＝(4 400－3 500)×3%＝27(元)

【例 2-2】 梁萧为中国公民，2011 年的下半年每月取得工资收入 20 000 元。计算梁萧下半年应缴纳的个人所得税。

【分析】

(1) 7、8 月每月应纳税额＝(20 000－2 000)×20%－375＝3 225(元)

(2) 9—12 月每月应纳税额＝(20 000－3 500)×25%－1 005＝3 120(元)

(3) 下半年应纳税额＝3 225×2＋3 120×4＝18 930(元)

假定该梁萧属来华的外籍公民，其下半年应纳税额为：

(4) 7、8 月每月应纳税额＝(20 000－2 000－2 800)×20%－375＝2 665(元)

(5) 9—12 月每月应纳税额＝(20 000－3 500－1 300)×25%－1 005＝2 795(元)

(6) 下半年应纳税额＝2 665×2＋2 795×4＝16 510(元)

【例 2-3】 麦迪先生(外籍人员)在外商投资企业工作。2011 年 10 月工资收入 10 000 元人民币。计算其 10 月份的应纳税额。

【分析】

应纳税所得额＝10 000－3 500－1 300＝5 200(元)

应纳税额＝5 200×20%－555＝485(元)

【例 2-4】 王某(中国公民)是某单位职工，全年一次性奖金 40 000 元，当月应税工资收入 5 600 元。计算王某应纳个人所得税。

【分析】

(1) 当月工资收入应纳税额＝(5 600－3 500)×10%－105＝105(元)

(2) 计算全年一次性奖金应纳税额：

月应纳税所得额＝40 000÷12＝3 333.33(元)

故税率为 10%，速算扣除数为 105。

应纳税额＝40 000×10%－105＝3 895(元)

(3) 王某当月应纳税额合计：105＋3 895＝4 000(元)

【例 2-5】 李某(中国公民)是某单位职工，全年一次性奖金 30 000 元，当月应税工资收入 1 900 元。计算李某应纳个人所得税。

【分析】

(1) 当月应税工资收入 1 900 元，不足 3 500 元，所以不纳税。

(2) 计算全年一次性奖金应纳税额：

月应纳税所得额＝[30 000－(3 500－1 900)]÷12＝2 366.67(元)

故税率为10%，速算扣除数为105。

应纳税额＝[30 000－(3 500－1 900)]×10%－105＝2 735(元)

【例2-6】 假定中国公民李某2012年在我国境内每月的绩效工资为1 600元，12月31日又一次性领取年终奖金(兑现的绩效工资)19 500元。试计算李某取得该笔奖金应缴纳的个人所得税。

【分析】

(1) 该笔奖金适用的税率和速算扣除数为：

按12个月分摊后，每月的奖金＝[19 500－(3 500－1 600)]÷12＝1 466.67(元)，适用的税率和速算扣除数分别为3%、0元。

(2) 应缴纳个人所得税为：

应纳税额＝(奖金收入－当月工资与费用扣除额的差额)×适用的税率－速算扣除数

＝[19 500－(3 500－1 600)]×3%

＝17 600×3%

＝528(元)

【例2-7】 某公司职员甲、乙二人，2011年9月份的月薪分别为2 400元和600元。9月份公司发放2010年度的全年一次性奖金，甲、乙职员的奖金分别为6 000元、5 200元。全年一次性奖金的个人所得税由公司代缴，请问，公司在9月份应申报缴纳个人所得税多少元？

【分析】

(1) 公司代扣代缴职员甲、乙月薪的个人所得税：

甲应纳税额＝0元(因为2 400<3 500)

乙应纳税额＝0元(因为600<3 500)

(2) 公司代缴职员甲、乙全年一次性奖金的个人所得税：

① 首先把不含税的全年一次性奖金换算为含税的全年一次性奖金收入

甲：[6 000－(3 500－2 400)]÷12＝408.33(适用税率3%，速算扣除数0)

含税的全年一次性奖金收入＝6 000÷(1－3%)＝5 999.03(元)

乙：[5 200－(3 500－600)]÷12＝191.67(元)(适用税率3%，速算扣除数0)

含税的全年一次性奖金收入＝5 200÷(1－3%)＝5 360.82(元)

② 计算含税的全年一次性奖金收入的个人所得税

甲：5 999.03÷12＝499.92(适用税率3%，速算扣除数0)

应纳税额＝5 999.03×3%＝179.97(元)

乙：5 360.82÷12＝446.74(元)(适用税率3%，速算扣除数0)

应纳税额＝5 360.82×3%＝160.82(元)

③ 公司在9月份应申报缴纳甲、乙二人的个人所得税：

应纳税合计＝179.97＋160.82＝340.79(元)

【例2-8】 某公司业务员小王2011年10月从甲公司取得工资5 200元，从乙公司取得工资3 100元，10月份小王应缴纳个人所得税多少元？(甲、乙公司支付的工资均不含住房公积金、基本养老保险费、基本医疗保险费和失业保险费)

【分析】

(1) 甲、乙公司应分别在支付工资时代扣代缴小王的个人所得税

甲公司应扣缴税额＝(5 200－3 500)×10%－105＝65(元)

乙公司应扣缴税额＝3 100－3 500＝0(元)

(2) 小王在两处取得同项(工薪)所得，应合并计算纳税

应纳税所得额＝5 200＋3 100－3 500＝4 800(元)

应纳税额＝4 800×20%－555＝405(元)

(3) 小王应于11月到所在地税务机关自行申报纳税(两处合并计税，多退少补)。

已纳税额＝65(元)

应纳税额＝405元＞已纳税额65元

所以，应补税额＝405－65＝340(元)

【例2-9】 王先生是长春市某外商投资企业的高级雇员，同时又在该外商投资企业在美国的一家子公司任职(提供了任职和工资薪金标准等相关的有效文件)。王先生因工作性质经常往返于国内国外。2011年10月境内企业支付工资、薪金所得6 000元，境外企业支付工资、薪金所得折合人民币21 000元，并且按其文件规定在境外支付，王先生10月份应纳个人所得税多少元？

【分析】

境内工薪所得应纳税额＝(6 000－3 500)×10%－105＝145(元)

境外工薪所得应纳税额＝(21 000－3 500－1 300)×25%－1 005＝3 045(元)

境内、外工薪所得应纳税额合计＝145＋3 045＝3 190(元)

【例 2-10】 宋某为国内某单位职工，被派到某外资企业工作。宋某2011年10月有关收入情况如下：外资企业应付宋先生工资额5 200元；原单位支付应税工资额为1 000元。计算外资企业、原单位的代扣税款以及个人申报应纳税额。

【分析】

(1) 支付单位代扣税款：

外资企业代扣税款=(5 200－3 500)×10%－105=65(元)

原单位代扣税款=1 000×3%=30(元)

(2) 个人申报应纳税额=(5 200+1 000－3 500)×10%－105=165(元)

应补税额=165－65－30=70(元)

【例 2-11】 周某是某外企公司的中方雇员，假定2012年每月薪金收入由雇佣单位和派遣单位分别支付，金额为5 600元和3 200元，派遣单位按照双方协议从派遣单位支付的薪金中提取2%的管理费用。2012年12月份，周某应如何缴纳个人所得税？

【分析】

(1) 雇佣单位应扣缴税额=(5 600－3 500)×10%－105=105(元)

(2) 派遣单位提取的2%的管理费上缴，应予税前扣除：

派遣单位支付的计税工资为3 200－3 200×2%=3 136(元)

派遣单位应扣缴税额=3 136×10%－105=208.6(元)

(3) 周某应于取得收入的次月15日前自行申报纳税。

应纳税额=(5 600+3 136－3 500)×20%－555=492.2(元)

已纳税额=105+208.6=313.6(元)

应补税额=492.2－313.6=178.6(元)

【例 2-12】 某外企的中方雇员周某，原单位停发其工资，外资企业每月应付给他工资额5 200元，其中1 500元由外资企业划给其原单位，实际应付周某工资3 700元。计算外企代扣税款。

【分析】

外资企业应代扣税款=(3 700－3 500)×3%=6(元)

2.2　特定行业与律师业工资、薪金所得

要　点

个人所得税应纳税额的计算，除了基本规定以外，还有一些特殊的、

具体的规定。由于行业之间、地区之间的差别性和发展的不平衡性，提出了许多新问题，由此产生了一系列新规定。

解 释

◆ 特定行业工资、薪金所得的计税规定

采掘业、远洋运输业、远洋捕捞业因受季节、产量等因素的影响，职工的工资、薪金收入呈现较大幅度波动，对这三个特定行业的职工取得的工资、薪金所得采取按年计算、分月预缴的方式计征个人所得税。年度终了后 30 日内，合计其全年工资、薪金所得，再按 12 个月平均计算实际应纳的税款，多退少补。计算公式如下：

年应纳所得税额＝[(全年工资、薪金收入÷12－费用扣除标准)×税率－速算扣除数]×12

考虑到远洋运输具有跨国流动的特性，所以，对远洋运输船员每月的工资、薪金收入在统一扣除 3 500 元费用的基础上，准予再扣除税法规定的附加减除费用标准。由于船员的伙食费统一用于集体用餐，不发给个人，所以特案允许该项补贴不计入船员个人的应纳税工资、薪金收入。

◆ 律师业工资、薪金所得的计税规定

(1) 律师事务所支付给雇员(包括律师及行政辅助人员，但是不包括律师事务所的投资者)的所得，按工资、薪金所得计算缴纳个人所得税。

(2) 作为律师事务所雇员的律师与律师事务所按规定的比例对收入分成，律师事务所不负担律师办理案件支出的费用(如交通费、资料费、通信费及聘请人员等费用)，律师当月的分成收入，按省级地方税务部门确定的不高于律师当月分成收入的 30%比例内，扣除办理案件支出的费用后，余额与律师事务所发给的工资合并，按工资、薪金所得计算缴纳个人所得税。

(3) 兼职律师从律师事务所取得工资、薪金性质的所得，律师事务所在代扣代缴其个人所得税时，不再减去个人所得税法规定的费用扣除标准，以收入全额(取得分成收入的为扣除办理案件支出费用后的余额)直接确定适用税率，计算扣缴个人所得税。兼职律师是指取得律师资格和律师执业证书，不脱离本职工作从事律师的人员。

实例详解

【例 2-13】 假设某远洋运输公司船员张某，2012 年月薪 6 000 元，公

司每月每人伙食补贴 500 元，统一用于集体用餐，不发给个人，年终取得绩效奖金 70 000 元，张某 2012 年应纳个人所得税多少元？

【分析】

(1) 每月预缴税额＝(6 000－3 500－1 300)×3%＝36(元)

全年预缴税额＝36×12＝432(元)

(2) 全年工资薪金所得＝6 000×12＋70 000＝142 000(元)

全年应纳税额＝[(142 000÷12－4 800)×20%－555]×12＝10 220(元)

(3) 年终汇算清缴多退少补，因为应纳税额 10 220 元＞已纳税额 432 元

所以，年终应补税额＝10 220－432＝9 788(元)

张某 2012 年应纳个人所得税 10 220 元。

【例 2-14】 律师宋江是某大学法律系教授，每月从校方取得工资、薪金 5 800 元，同时在某律师事务所兼职，每月工资、薪金所得 2 100 元，律师事务所规定，以办案提成收入方式奖励员工，办案过程中的费用自理，一律不得在单位报销。2011 年 9 月，宋江取得办案提成收入 12 000 元。请问该事务所应如何扣缴其个人所得税？宋江本月应纳个人所得税多少元？

【分析】 大学和律师事务所应分别代扣代缴宋江的个人所得税：

(1) 律师事务所扣缴税额＝[2 100＋12 000×(1－30%)]×25%－1 005＝1 620(元)

(2) 大学扣缴税额＝(5 800－3 500)×10%－105＝125(元)

(3) 因两处取得工薪所得，王律师需自行申报纳税：

本月工资、薪金所得＝5 800＋2 100＋12 000×(1－30%)＝16 300(元)

应纳税所得额＝ 16 300－3 500＝12 800(元)

应纳税额＝12 800×25%－1 005＝2 195(元)

(4) 大学和事务所已扣缴税额＝1 620＋125＝1 745(元)

应补税额＝2 195－1 745＝450(元)

2.3 应计入工资薪金所得的项目

要 点

个人所得税的应税收入是多样性的，税法将其归纳为 11 类。其中的

工资、薪金所得也是多样性的。基础工资、职务工资、工龄工资、军龄工资、司龄工资等收入是工薪所得的具体内容,各种各样的补贴、津贴、奖金等其他工资性质的收入以及和任职受雇相关的收入也应计入工资、薪金所得范围内,如超标准、超范围的福利费、商业性质的补充养老保险金等。

本节主要介绍非免税福利费的计税规定,个人取得各类保险收入的计税规定,个人取得公务交通、通信补贴收入的计税规定以及单位低价向职工售房的计税规定等。

解 释

◆ 非免税福利费的计税规定

(1) 下列收入属于非免税的福利费范围,应当并入纳税人的工资、薪金收入计征个人所得税。

① 从超出国家规定的比例或基数计提的福利费、工会经费中支付给个人的各种补贴和补助。

② 从福利费和工会经费中支付给本单位职工的人人有份的补贴和补助。

③ 单位为个人购买汽车、住房、电子计算机等不属于临时性生活困难补助性质的支出。

(2) 福利费和生活困难补助费的免税规定。

①《中华人民共和国个人所得税法》第四条第四项所说的福利费是指根据国家有关规定,从企业、事业单位、国家机关、社会团体提留的福利费或者工会经费中支付给个人的生活补助费。所说的救济金,是指国家民政部门支付给个人的生活困难补助费。

② 生活困难补助费是指由于某种特定事件或原因而给纳税人本人或其家庭的正常生活造成一定困难,其任职单位按国家规定从提留的福利费或者工会经费中向其支付的临时性生活困难补助。

◆ 个人取得各类保险收入的计税规定

1. 商业保险金的计税规定

商业保险是指投保人根据合同的约定,向保险公司支付保险费,保险公司根据合同的约定承担赔偿保险金责任,或者当被保险人死亡、伤残、疾病或达到约定的年龄、期限时承担给付保险金责任。

对企业为员工支付商业保险金,应在企业向保险公司缴付时(即该保险落到被保险人的保险账户)并入员工当期的工资收入,按“工资、薪金所得”项目计征个人所得税，税款由企业负责代扣代缴。

企业和个人按照国家或地方政府规定的比例提取并向指定金融机构实际缴付的商业保险金不适用免税规定。

2. 补充养老保险金的计税规定

(1) 自 2008 年 1 月 1 日起，企业根据国家有关政策规定，为在本企业任职或者受雇的全体员工支付的补充养老保险费、补充医疗保险费，分别在不超过职工工资总额 5％标准内的部分，在计算应纳税所得额时准予扣除；超过的部分，不予扣除。

(2) 关于单位为个人办理补充养老保险退保后个人所得税的处理规定。

单位为职工个人购买商业性补充养老保险等，在办理投保手续时对职工保费应作为个人所得税的“工资、薪金所得”项目，按税法规定缴纳个人所得税；因各种原因退保，个人未取得实际收入的，已缴纳的个人所得税应予以退回。

(3) 企业年金的计税规定。

企业年金是指企业及其职工在依法参加基本养老保险的基础上，自愿建立的补充养老保险制度。它是多层次养老保险体系的组成部分，由国家宏观指导、企业内部决策执行。所以，企业和个人在税前缴付的企业年金，都要并入个人当期的工资、薪金收入计征个人所得税。

(4) 境外保险费的计税规定。

① 企业为其在中国境内工作的雇员个人支付或负担的各类境外保险费，凡以支付其雇员工资、薪金的名义已在企业应纳税所得额中扣除的，均应计入该雇员个人的工资、薪金所得，计算缴纳个人所得税。

② 企业未在其应纳税所得额中扣除而支付或负担的其中国境内工作雇员的境外保险费，也应计入该雇员的工资、薪金所得，计算缴纳个人所得税，但对其中确属于按照有关国家法律规定由雇主负担的社会保险性质的费用，报经当地税务机关核准后，可不计入雇员个人的应纳税所得额。

③ 在中国境内工作的雇员个人支付的各类境外保险费，均不得从该雇员个人的应纳税所得额中扣除。

◆ 个人取得公务交通、通信补贴收入的计税规定

个人因公务用车和通信制度改革而取得的公务用车、通信补贴收入，扣除一定标准的公务费用后，按照“工资、薪金所得”项目计征个人所得税。按月发放的，并入当月“工资、薪金所得”计征个人所得税；不按月发

放的，分解到所属月份并且与该月份“工资、薪金所得”合并后计征个人所得税。

公务费用的扣除标准，由省级地方税务局根据纳税人公务交通、通信费用的实际发生情况调查测算，报经省级人民政府批准后确定，报国家税务总局备案。

◆ 单位低价向职工售房的计税规定

(1) 根据住房制度改革政策的有关规定，国家机关、企事业单位及其他组织(以下简称单位)在住房制度改革期间，按照所在地县级以上人民政府规定的房改成本价格向职工出售公有住房，职工因支付的房改成本价格低于房屋建造成本价格或市场价格而取得的差价收益，免征个人所得税。

(2) 除上条规定情形外，单位按低于购置或建造成本价格出售住房给职工，职工因此而少支出的差价部分，属于个人所得税应税所得，应按照“工资、薪金所得”项目缴纳个人所得税。差价部分，是指职工实际支付的购房价款低于该房屋的购置或建造成本价格的差额。

◆ 免费旅游的计税规定

对于企业和单位以培训班、研讨会和工作考察等名义，通过为营销业绩突出的营销人员负担旅游费用方式的奖励(包括实物、有价证券等)，应根据所发生费用全额计入营销人员应税所得，依法征收个人所得税，并由提供上述费用的企业和单位代扣代缴。其中，对企业雇员享受的此类奖励，应与当期的工资、薪金合并，按照“工资、薪金所得”项目征收个人所得税；对其他人员享受的此类奖励，应作为当期的劳务收入，按照“劳务报酬所得”项目征收个人所得税。

◆ 个人因解除劳动合同取得经济补偿金的计税规定

根据《财政部、国家税务总局关于个人与用人单位解除劳动关系取得的一次性补偿收入征免个人所得税问题的通知》和《国家税务总局关于国有企业职工因解除劳动合同取得一次性补偿收入征免个人所得税问题的通知》精神，自 2001 年 10 月 1 日起，按照以下规定处理。

(1) 企业依照国家有关法律规定宣告破产，企业职工从该破产企业取得的一次性安置费收入，免征个人所得税。

(2) 个人因与用人单位解除劳动关系而取得的一次性补偿收入(包括用人单位发放的经济补偿金、生活补助费和其他补助费用)，其收入在当地上年职工平均工资3倍数额以内的部分，免征个人所得税；超过3倍数额部分的一次性补偿收入，可视为一次取得数月的工资、薪金收入，允许在一定期限内平均计算。

计算方法是：以超过3倍数额部分的一次性补偿收入，除以个人在本企业的工作年限数（超过12年的按12年计算），以其商数作为个人的月工资、薪金收入，按照税法规定计算缴纳个人所得税。个人在解除劳动合同后又再次任职、受雇的，已纳税的一次性补偿收入不再与再次任职、受雇的工资、薪金所得合并计算补缴个人所得税。

（3）个人领取一次性补偿收入时按照国家和地方政府规定的比例实际缴纳的住房公积金、医疗保险费、基本养老保险费和失业保险费，可以在计征其一次性补偿收入的个人所得税时予以扣除。

◆ 提前退休与实行内部退养的个人取得一次性收入的计税规定

1. 提前退休

国家税务总局《关于个人提前退休取得补贴收入个人所得税问题的公告》（国家税务总局公告2011年第6号）规定，根据《中华人民共和国个人所得税法》及其实施条例的规定，对个人提前退休取得一次性补贴收入征收个人所得税问题公告如下。

（1）机关、企事业单位对未达到法定退休年龄、正式办理提前退休手续的个人，按照统一标准向提前退休工作人员支付一次性补贴，不属于免税的离退休工资收入，应按照“工资、薪金所得”项目征收个人所得税。

（2）个人因办理提前退休手续而取得的一次性补贴收入，应按照办理提前退休手续至法定退休年龄之间所属月份平均分摊计算个人所得税。计税公式：

应纳税额＝[（一次性补贴收入÷办理提前退休手续至法定退休年龄的实际月份数－费用扣除标准）×适用税率－速算扣除数]×提前办理退休手续至法定退休年龄的实际月份数

2. 实行内部退养

实行内部退养的个人在其办理内部退养手续后至法定离退休年龄之间从原任职单位取得的工资、薪金，不属于离退休工资，应按“工资、薪金所得”项目计征个人所得税。

个人在办理内部退养手续后从原任职单位取得的一次性收入，应按办理内部退养手续后至法定离退休年龄之间的所属月份进行平均，并且与领取当月的“工资、薪金”所得合并后减除当月费用扣除标准，以余额为基数确定适用税率，再将当月工资、薪金加上取得的一次性收入，减去费用扣除标准，按适用税率计征个人所得税。

个人在办理内部退养手续后至法定离退休年龄之间重新就业取得的“工资、薪金”所得，应与其从原任职单位取得的同一月份的“工资、薪金”所得合并，计征个人所得税。

◆ 个人兼职和退休人员再任职取得收入的计税规定

1. 个人兼职

个人兼职取得收入应按照“劳务报酬所得”应税项目缴纳个人所得税。

2. 退休人员再任职

退休人员再任职取得的收入，在减除按个人所得税法规定的费用扣除标准后，按“工资、薪金所得”应税项目缴纳个人所得税。

退休人员再任职应同时符合下列条件。

(1) 受雇人员与用人单位签订一年以上(含一年)劳动合同(协议)，存在长期或连续的雇佣与被雇佣关系。

(2) 受雇人员因事假、病假、休假等原因不能正常出勤时，仍享受固定或基本工资收入。

(3) 受雇人员与单位其他正式职工享受同等福利、培训及其他待遇。

(4) 受雇人员的职务晋升、职称评定等工作由用人单位负责组织。

◆ 个人股票期权所得的计税规定

1. 股票期权所得

企业员工股票期权是指上市公司按照规定的程序授予本公司及其控股企业员工的一项权利，该权利允许被授权员工在未来时间内以某一特定价格购买本公司一定数量的股票。

上述“某一特定价格”被称为“授予价”或“施权价”，即根据股票期权计划可以购买股票的价格，通常为股票期权授予日的市场价格或该价格的折扣价格，也可以是按照事先设定的计算方法约定的价格；“授予日”又称“授权日”，是指公司授予员工上述权力的日期；“行权”又称“执行”，是指员工根据股票期权计划选择购买股票的过程；员工行使上述权力的当日为“行权日”，又称“购买日”。

2. 股票期权所得性质的确认及其具体征税规定

(1) 员工接受实施股票期权计划企业授予的股票期权时，除另有规定外，通常不作为应税所得征税。

(2) 员工行权时，其从企业取得股票的实际购买价(施权价)低于购买日公平市场价(是指该股票当日的收盘价,下同)的差额,是因员工在企业的表现和业绩情况而取得的与任职、受雇有关的所得,应按"工资、薪金所得"适用的规定计算缴纳个人所得税。

对因特殊情况,员工在行权日之前将股票期权转让的,以股票期权的转让净收入,作为工资、薪金所得征收个人所得税。这里的"股票期权的转让净收入",是指股票期权转让收入。若员工以折价购入方式取得股票期权,可以股票期权转让收入扣除折价购入股票时实际支付的价格后的余额,作为股票期权的转让净收入。

凡取得股票期权的员工在行权日不实际买卖股票,而按行权日股票期权所指定股票的市场价与施权价之间的差额,直接从授权企业取得价差收益的,该次价差收益应作为员工取得的股票期权形式的工资、薪金所得。

员工行权日所在期间的工资、薪金所得,应按下列公式计算工资、薪金应纳税所得额:

股票期权形式的工资、薪金应纳税所得额=(行权股票的每股市场价-员工取得该股票期权支付的每股施权价)×股票数量

上式中,员工取得该股票期权支付的每股施权价是指员工行使股票期权购买股票实际支付的每股价格。若员工以折价购入的方式取得股票期权,上述施权价可包括员工折价购入股票期权时实际支付的价格。

(3) 员工将行权后的股票再转让时获得的高于购买日公平市场价的差额,是因个人在证券二级市场上转让股票等有价证券而获得的所得,应按照"财产转让所得"适用的征免规定计算缴纳个人所得税。

(4) 员工因拥有股权而参与企业税后利润分配取得的所得,应按照"利息、股息、红利所得"适用的规定计算缴纳个人所得税。

3. 工资、薪金所得境内外来源划分

按照《国家税务总局关于在中国境内无住所个人以有价证券形式取得工资薪金所得确定纳税义务有关问题的通知》(国税函[2000]190 号)有关规定,需对员工因参加企业股票期权计划而取得的工资、薪金所得确定境内或境外来源的,应按照该员工据以取得上述工资、薪金所得的境内、外工作期间月份数比例计算划分。该境内、外工作期间月份总数是指员工按企业股票期权计划规定,在可行权以前须履行工作义务的月份总数。

4. 应纳税款的计算

(1) 认购股票所得(行权所得)的税款计算。员工因参加股票期权计

划而从中国境内取得的所得，按照规定应按工资、薪金所得计算纳税的，对该股票期权形式的工资、薪金所得可区别于所在月份的其他工资、薪金所得，单独按下列公式计算当月应纳税款：

应纳税额＝(股票期权形式的工资、薪金应纳税所得额÷规定月份数×适用税率－速算扣除数)×规定月份数

上式中，规定月份数是指员工取得来源于中国境内的股票期权形式工资、薪金所得的境内工作期间月份数，超过12个月的，按12个月计算；适用税率和速算扣除数，以股票期权形式的工资、薪金应纳税所得额除以规定月份数后的商数，对照个人所得税税率表确定。

(2) 转让股票(销售)取得所得的税款计算。对于员工转让股票等有价证券取得的所得，应按现行税法和政策规定征免个人所得税，即个人将行权后的境内上市公司股票再行转让而取得的所得，暂不征收个人所得税；个人转让境外上市公司的股票而取得的所得，应按税法的规定计算缴纳税款。

(3) 参与税后利润分配取得所得的税款计算。员工因拥有股权参与税后利润分配而取得的股息、红利所得，除依照有关规定可以免税或减税的以外，应全额按规定税率计算纳税。

5. 税款的征收管理

(1) 扣缴义务人。实施股票期权计划的境内企业为个人所得税的扣缴义务人，应按税法规定履行代扣代缴个人所得税的义务。

(2) 自行申报纳税。员工从两处或两处以上取得股票期权形式的工资、薪金所得和没有扣缴义务人的，应在《中华人民共和国个人所得税法》规定的纳税申报期限内自行申报缴纳税款。

(3) 报送有关资料。实施股票期权计划的境内企业，应在股票期权计划实施之前，将企业的股票期权计划或实施方案、股票期权协议书、授权通知书等资料报送主管税务机关；应在员工行权之前，将股票期权行权通知书和行权调整通知书等资料报送主管税务机关。

扣缴义务人和自行申报纳税的个人在申报纳税或代扣代缴税款时，应在税法规定的纳税申报期限内，将个人接受或转让的股票期权以及认购的股票情况(包括种类、数量、施权价格、行权价格、市场价格和转让价格等)报送主管税务机关。

(4) 处罚。实施股票期权计划的企业和因股票期权计划而取得应税所得的自行申报员工，未按规定报送上述有关报表和资料，未履行申报纳税义务或者扣缴税款义务的，按《中华人民共和国税收征收管理法》及其

实施细则的有关规定进行处理。

相关知识

◆ 股权激励的计税规定

1. 股权激励所得项目和计税方法的确定

根据《中华人民共和国个人所得税法》及其实施条例和财税[2009]5号文件等规定，个人因任职、受雇从上市公司取得的股票增值权所得和限制性股票所得，由上市公司或其境内机构按照“工资、薪金所得”项目和股票期权所得个人所得税计税方法，依法扣缴其个人所得税。

股票增值权是指上市公司授予公司员工在未来一定时期和约定条件下，获得规定数量的股票价格上升所带来收益的权利。被授权人在约定条件下行权，上市公司按照行权日与授权日二级市场股票差价乘以授权股票数量，发放给被授权人现金。

限制性股票是指上市公司按照股权激励计划约定的条件，授予公司员工一定数量本公司的股票。

2. 股票增值权应纳税所得额的确定

股票增值权被授权人获取的收益，是由上市公司根据授权日与行权日股票差价乘以被授权股数，直接向被授权人支付的现金。上市公司应于向股票增值权被授权人兑现时依法扣缴其个人所得税。被授权人股票增值权应纳税所得额计算公式如下：

股票增值权某次行权应纳税所得额＝(行权日股票价格－授权日股票价格)×行权股票份数。

3. 限制性股票应纳税所得额的确定

按照《中华人民共和国个人所得税法》及其实施条例等有关规定，原则上应在限制性股票所有权归属于被激励对象时确认其限制性股票所得的应纳税所得额。即：上市公司实施限制性股票计划时，应以被激励对象限制性股票在中国证券登记结算公司(境外为证券登记托管机构)进行股票登记日期的股票市价和本批次解禁股票当日市价的平均价格乘以本批次解禁股票份数，减去被激励对象本批次解禁股份数所对应的为获取限制性股票实际支付资金数额，其差额为应纳税所得额。被激励对象限制性股票应纳税所得额计算公式如下：

应纳税所得额＝(股票登记日股票市价＋本批次解禁股票当日市价)÷2×本批次解禁股票份数－被激励对象实际支付的资金总额×(本批次解禁股票份数÷被激励对象获取的限制性股票总份数)

4. 股权激励所得应纳税额的计算

(1) 个人在纳税年度内第一次取得股票期权、股票增值权所得和限制性股票所得的，上市公司应按照财税[2005]35 号文件第四条第一项所列公式计算扣缴其个人所得税。

(2) 个人在纳税年度内两次以上(含两次)取得股票期权、股票增值权和限制性股票等所得，包括两次以上(含两次)取得同一种股权激励形式所得或者同时兼有不同股权激励形式所得的，上市公司应将其纳税年度内各次股权激励所得合并，按照《国家税务总局关于个人股票期权所得缴纳个人所得税有关问题的补充通知》(国税函[2006]902 号)第七条、第八条所列公式计算扣缴个人所得税。

5. 纳税义务发生时间

(1) 股票增值权个人所得税纳税义务发生时间为上市公司向被授权人兑现股票增值权所得的日期。

(2) 限制性股票个人所得税纳税义务发生时间为每一批次限制性股票解禁的日期。

6. 报送资料的规定

(1) 实施股票期权、股票增值权计划的境内上市公司，应按照财税[2005]35 号文件第五条第(三)项规定报送有关资料。

(2) 实施限制性股票计划的境内上市公司，应在中国证券登记结算公司(境外为证券登记托管机构)进行股票登记、并且经上市公司公示后15 日内，将本公司限制性股票计划或实施方案、协议书、授权通知书、股票登记日期以及当日收盘价、禁售期限和股权激励人员名单等资料报送主管税务机关备案。

境外上市公司的境内机构，应向其主管税务机关报送境外上市公司实施股权激励计划的中(外)文资料备案。

(3) 扣缴义务人和自行申报纳税的个人在代扣代缴税款或申报纳税时，应在税法规定的纳税申报期限内，将个人接受或转让的股权以及认购的股票情况(包括种类、数量、施权价格、行权价格、市场价格和转让价格等)、股权激励人员名单、应纳税所得额、应纳税额等资料报送主管税务机关。

7. 其他有关问题的规定

(1) 财税[2005]35 号、国税函[2006]902 号和财税[2009]5 号文件以及上述有关股权激励个人所得税政策，适用于上市公司(含所属分支机构)和上市公司控股企业的员工，其中上市公司占控股企业股份比例最低为 30%。

间接持股比例按照各层持股比例相乘计算，上市公司对一级子公司持股比例超过 50%的，应按 100%计算。

(2) 具有下列情形之一的股权激励所得，不适用上述优惠计税方法，直接计入个人当期所得征收个人所得税。

① 除本条第(1)项规定之外的集团公司、非上市公司员工取得的股权激励所得。

② 公司上市之前设立股权激励计划，待公司上市后取得的股权激励所得。

③ 上市公司未按照上述第 6 条规定向其主管税务机关报备有关资料的。

(3) 被激励对象为缴纳个人所得税款而出售股票，其出售价格与原计税价格不一致的，按原计税价格计算其应纳税所得额和税额。

实例详解

【例 2-15】 2011 年 9 月重庆市某学院在保险公司为教职员工趸交了 10 年的补充养老保险金 400 万元，每个教职员工获得补充养老保险金 4 000 元。假如王教授 2011 年 9 月份的工资、薪金是 5 600 元。不考虑其他扣除项目，王教授本月应缴纳多少个人所得税？

【分析】

个人取得补充养老保险金应并入当月工资、薪金计算缴纳个人所得税。

王教授应纳个人所得税＝(5 600＋4 000－3 500)×20%－555＝665(元)

【例 2-16】 2011 年 9 月，城建公司的小刘以每平方米 3 200 元的价格购买了一套 100 平方米的单位自建房，单位房成本价为每平方米 4 500 元，小刘是否应缴个人所得税？应缴纳多少个人所得税？

【分析】 单位以低于成本价向职工出售住房，差价部分即职工少支出部分，相当于单位向职工支付了一笔奖金，所以小刘购房中取得的差价部分，应作为应税所得视同年终一次性奖金计征个人所得税，并由单位代扣代缴。

(1) 购住房差价部分金额＝(4 500－3 200)×100＝130 000(元)

(2) 130 000÷12＝10 833.33(元)(适用税率 25%，速算扣除数 1 005)

(3) 应纳税额＝130 000×25％－1 005＝31 495(元)

小刘应缴纳个人所得税 31 495 元。

【例 2-17】 2011 年 9 月，某公司以 62 万元购置了一套商品房，并以 36 万的价格出售给公司的市场部经理小张，小张当月取得工资 5 200 元，9 月份小张应如何缴纳个人所得税？

【分析】 小张实际支付的购房价款低于该房屋的购置价格，其差额属于个人所得税应税所得，应按照“工资、薪金所得”项目缴纳个人所得税。

(1) 应税所得＝620 000－360 000＝260 000(元)

(2) 260 000÷12＝21 666.67(元)(确定适用税率为 25％，速算扣除数为 1 005)

(3) 低价取得房屋应纳税额＝260 000×25％－1 005＝63 995(元)

(4) 当月工资应纳税额＝(5 200－3 500)×10％－105＝65(元)

(5) 6 月份小张总计应纳税额＝63 995＋65＝64 060(元)

【例 2-18】 北京市某集团公司为奖励在营销活动中业绩突出的员工甲，2011 年 10 月特批参加中国旅行社组织的广州 5 日游，10 月末员工甲持旅行社注明“培训费”的发票报销，取得现金 3 000 元，公司并按“培训”时间，每天补助差旅费、伙食补助费和公杂费 100 元，5 日一共补助 500 元。员工甲每月工资 5 600 元(不含各项社保基金)，节日补助 1 000 元，该公司 10 月份应如何扣缴员工甲个人所得税？

【分析】

(1) 企业对员工的奖励免费提供旅游的费用应计入当月工资、薪金所得。

(2) 节日补助费应合并计入当月工资、薪金所得。

(3) 差旅费补助费应合并当月工资、薪金所得。

(4) 员工甲 10 月工资薪金所得＝5 600＋3 000＋1 000＋500＝10 100(元)

(5) 应纳税所得额＝10 100－3 500＝6 600(元)

(6) 应纳税额＝6 600×20％－555＝765(元)

企业应按规定代扣代缴员工甲个人所得税额 765 元。

【例 2-19】 张某是国内某单位职工，2011 年 9 月办理内部退养手续，取得一次性收入 90 000 元；当月应税工资收入 2 100 元。张某办理内部退养手续后至法定离退休年龄之间为 5 年。计算任职单位向张某支付上述款项时应代扣代缴的个人所得税。

【分析】

月应纳税所得额＝90 000÷(12×5)＋2 100－3 500＝100(元)

故适用税率为3%，速算扣除数为0。

代扣代缴税款＝(2 100＋90 000－3 500)×3%＝2 658(元)

【例2-20】 某市某行政机关机构改革，其中对工龄满30年的工作人员可自我申请提前退休，实行内部退养政策。老王2011年9月1日办理内部退养手续，领取一次性收入100 000元，老王离正式退休时间还有5年(60个月)，内部退养后每月从单位领取"退休工资"2 100元。

2011年9月1日，老王办理了内退手续后就被某外企公司聘任，每月取得工资3 000元，公司扣缴其个人所得税115元，老王应如何缴纳个人所得税？

【分析】

(1) 首先要把一次性收入平均分解到办理内部退养手续后至法律规定离退休年龄之间的所属月份。

100 000÷60＝1 666.67(元)

(2) 把1 666.67元与当月工资合并，减除当月费用扣除标准，以其余额为基数确定适用税率和速算扣除数。

1 666.67＋2 100－3 500＝266.67(元)(税率为3%，速算扣除数0)

(3) 再将当月工资与当月取得的一次性收入的和减去费用扣除标准，按确定的税率计税。

应纳税额＝(2 100＋100 000－3 500)×3%＝2 958(元)

(4)重新就业取得的工资薪金所得要与每月取得的"退休金"合并计税并自行纳税申报，多退少补。

应纳税额＝(2 100＋3 000－3 500)×10%－105＝55(元)

应退税额＝已扣缴税额－应纳税额＝115－55＝60(元)

(5) 老王应于次月15日前到所在地主管税务机关自行纳税申报，退得个人所得税60元。

2.4　外籍个人工资薪金所得

要　点

本节主要介绍外籍职员住房费的计税规定，外国来华工作人员、留学生的计税规定，董事和高级管理人员的计税规定。

解 释

◆ 外籍职员住房费的计税规定

(1) 外商投资企业和外商驻华机构租房或购买房屋免费供外籍职员居住,可以不计入其职员的工资、薪金所得缴纳个人所得税。

(2) 外商投资企业和外商驻华机构将住房费定额发给外籍职员,可以列为费用支出,但应计入其职员的工资、薪金所得。该职员能够提供准确的住房费用作证单据的,可准其按实际支出额,从应纳税所得额中扣除。

◆ 外国来华工作人员、留学生的计税规定

1. 住房、汽车、医疗免费“三包”

外国来华文教专家,在我国服务期间,由我方发工资、薪金,并对其住房、使用汽车、医疗实行免费“三包”,可只就工资、薪金所得按照税法规定征收个人所得税;对我方免费提供的住房、使用汽车、医疗,可免予计算缴纳个人所得税。

2. 来源于中国的服务所得

外国来华工作人员,在我国服务而取得的工资、薪金,不论是我方支付、还是外国支付、我方和外国共同支付,均属于来源于中国的所得。

(1) 对于援助国派往我国专门为该国援助我国的建设项目服务的工作人员,取得工资、生活津贴,不论是哪一方支付,均可免征个人所得税,其他均应按规定征收个人所得税。

(2) 对在中国境内连续居住不超过 90 日的,可只就我方支付的工资、薪金部分计算纳税,对外国支付的工资、薪金部分免予征税。

3. 留学生生活津贴、奖学金

外国来华留学生,领取的生活津贴费、奖学金,不属于工资、薪金范畴,不征个人所得税。

4. 除工资以外的包干款项

外国来华工作人员,由外国派出单位发给包干款项,其中包括个人工资、公用经费(邮电费、办公费、广告费、业务上往来必要的交际费)、生活津贴费(住房费、差旅费),凡对上述所得能够划分清楚的,可只就工资、薪金所得部分按照规定征收个人所得税。

◆ 董事和高级管理人员的计税规定

在中国境内无住所的个人担任中国境内企业的董事或高层管理人

员（以下称企业高管人员），同时兼任中国境内、外的职务，其从中国境内、外收取的当月全部报酬不能合理地归属为境内或境外工作报酬的，应分别按照下列规定和公式计算缴纳其工资、薪金所得应纳的个人所得税。

（1）无税收协定（安排）适用的企业高管人员，在一个纳税年度中在中国境内连续或累计居住不超过 90 日，或者按税收协定（安排）规定应认定为对方税收居民，但按税收协定（安排）及《国家税务总局关于在中国境内无住所的个人执行税收协定和个人所得税法若干问题的通知》（国税发[2004]97 号）第四条的有关规定应适用税收协定（安排）董事费条款的企业高管人员，在税收协定（安排）规定的期间在中国境内连续或累计居住不超过 183 日，均应按照《国家税务总局关于在中国境内无住所的个人取得工资薪金所得纳税义务问题的通知》（国税发[1994]148 号）第二条和第五条规定确定纳税义务，无论其在中国境内或境外的工作期间长短，可不适用国税发[2004]97 号文件第三条第一款第（三）项规定的公式，而按下列公式计算其取得的工资、薪金所得应纳的个人所得税：

应纳税额＝（当月境内外工资、薪金应纳税所得额×适用税率－速算扣除数）×（当月境内支付工资÷当月境内外支付工资总额）

（2）下列企业高管人员仍应按照国税发[2004]97 号文件第三条第一款第（三）项规定的公式，计算其取得的工资、薪金所得应纳的个人所得税。

① 无税收协定（安排）适用，或按照税收协定（安排）规定应认定为我方税收居民的企业高管人员，在一个纳税年度在中国境内连续或累计居住超过 90 日，但按《财政部、国家税务总局关于在华无住所的个人如何计算在华居住满五年问题的通知》（财税字[1995]98 号）的有关规定，在中国境内连续居住不满五年的。

② 按税收协定（安排）规定应认定为对方税收居民，但按税收协定（安排）及国税发[2004]97 号文件第四条的有关规定应适用税收协定（安排）董事费条款的企业高管人员，在税收协定规定的期间在中国境内连续或累计居住超过 183 日的。

（3）无税收协定（安排）适用，或按税收协定（安排）应认定为我方税收居民的企业高管人员，在按财税字[1995]98 号文件的有关规定构成在中国境内连续居住满 5 年后的纳税年度中，仍在中国境内居住满 1 年的，应按下列公式计算其取得的工资、薪金所得应纳的个人所得税：

应纳税额＝当月境内、外的工资、薪金应纳税所得额×适用税率－速算扣除数

若上述所述各类人员取得的是日工资或者不满1个月工资，应按照国税发[1994]148号文件第六条第二款和国税发[2004]97号文件第三条第二款的规定换算为月工资后，再按照上述规定的适用公式计算其应纳税额。

实例详解

【例2-21】 某人是一外商投资企业的外籍员工，在中国境内居住3年，2011年11月境内公司支付其工薪所得8 000元，同时境外公司总部支付其工薪折合人民币6 800元，该外籍人士应该如何申报缴纳个人所得税？

【分析】

该外籍人士在华工作已满1年（实际3年），应将其在中国境内和境外取得的工薪所得合并按税法规定缴纳个人所得税。

应纳税额＝（8 000＋6 800－3 500－1 300）×25％－1 005＝1 495（元）

【例2-22】 某外企公司外籍员工，在中国境内居住期为6年，2010年10月分别从境内、境外公司（两公司无关联关系）取得工薪收入10 000元和9 000元，另外当月取得国外汽车租赁收入折合人民币5 000元，该雇员当月如何缴纳个人所得税？如果他在中国境内取得工薪收入时间为2011年10月，该雇员又应如何缴纳个人所得税？

【分析】

该员工在华居住已满6年，应就其境内、境外全部所得按我国税法规定申报缴纳个人所得税。

（1）境内工薪应纳税额＝（10 000－2 000－2 800）×20％－375＝665（元）

境外工薪应纳税额＝（9 000－2 000－2 800）×20％－375＝465（元）

境外财产租赁所得应纳税额＝5 000×（1－20％）×20％＝800（元）

合计应纳税额＝665＋465＋800＝1 930（元）

（2）如果他取得工薪收入的时间为2011年10月，那么，

境内工薪应纳税额＝（10 000－3 500－1 300）×20％－555＝485（元）

境外工薪应纳税额＝（9 000－3 500－1 300）×10％－105＝315（元）

境外财产租赁所得应纳税额＝5 000×（1－20％）×20％＝800（元）

合计应纳税额＝485＋315＋800＝1 600(元)

实战训练

一、单项选择题

1. 工资、薪金所得以个人每月收入额固定减除(　　)费用后的余额为应纳税所得额。

A. 3 500 元　　B. 1 600 元

C. 3 000 元　　D. 2 500 元

2. 某演员一次获得表演收入 80 000 元,其应纳个人所得税额为(　　)元。

A. 16 000　　B. 19 200

C. 12 800　　D. 18 600

3. 下列所得项目中,一次收入畸高时应加成征收个人所得税的是(　　)。

A. 稿酬所得　　B. 利息、股息、红利所得

C. 偶然所得　　D. 劳务报酬所得

4. 公司职工取得的用于购买企业国有股权的劳动分红应按照(　　)项目征收个人所得税。

A. 工资、薪金所得　　B. 劳务报酬所得

C. 利息、股息、红利所得　　D. 其他所得

5. 某演员参加演出的出场费为税后 10 000 元,则其应纳个人所得税为(　　)元。

A. 1 600　　B. 1 800

C. 1 904.76　　D. 2 000

二、多项选择题

1. 工资、薪金所得的附加减除费用适用于(　　)。

A. 在中国境内的外商投资企业和外国企业中工作的外籍人员

B. 应聘在中国境内企业、事业单位、社会团体、国家机关中工作的外籍专家

C. 在中国境内有住所而在中国境外任职或者受雇取得工资、薪金所得的个人

D. 华侨和香港、澳门、台湾同胞

2. 下列所得不属于稿酬所得的项目有(　　)。

A. 摄影作品发表取得的所得

B. 拍卖文学手稿取得的所得

C. 帮企业写发展史取得的所得

D. 帮出版社审稿取得的所得

3. 下列项目中，计征个人所得税时减除费用 800 元的包括(　　)。

A. 承租、承包所得

B. 外企中方雇员的工资、薪金所得

C. 提供咨询服务一次取得收入 2 000 元

D. 出租房屋收入 3 000 元

4. 下列各项中，应计入当月工资内计征工资、薪金所得个人所得税的是(　　)。

A. 年终加薪　　B. 按月发放的奖金

C. 加班津贴　　D. 交通费补贴

5. 企事业单位的承包、承租经营所得包括(　　)。

A. 个人承包、承租经营所得

B. 投资的股息所得

C. 个人按月取得的工资性质的所得

D. 上交出包、出租方的管理费

三、判断题

1. 按照税法规定，对保险营销员佣金中的展业成本，不征收个人所得税。(　　)

2. 对远洋运输船员每月的工资、薪金收入在统一扣除 3 500 元费用的基础上，准予再扣除税法规定的附加减除费用标准。(　　)

3. 律师事务所支付给雇员(包括律师及行政辅助人员，但是不包括律师事务所的投资者)的所得，按劳动报酬所得计算缴纳个人所得税。(　　)

4. 退休人员再任职取得的收入，在减除按个人所得税法规定的费用扣除标准后，按劳动报酬应税项目缴纳个人所得税。(　　)

5. 企业购买车辆并将车辆所有权办到股东个人名义下，应按照“工资、薪金所得”项目征收个人所得税。(　　)

四、计算题

1. 李某受外企服务公司派遣到一家外资银行工作，2011 年 9 月外资银行向李某支付工资 7 000 元，同时外企服务公司向李某支付薪金 2 000 元，2011 年 9 月李某应缴纳多少个人所得税？

2. 假设中国公民王某 2012 年每月工资均为 2 400 元，12 月 31 日取得不含税全年一次性奖金 15 000 元。请计算王某取得的不含税全年一次性奖金应缴纳的个人所得税。

3. 某汽车营销公司为了表彰业绩突出的员工，2011 年 9 月份通过旅游公司组织部分营销人员赴泰国旅游，公司为每个参加旅游的员工负担所有费用共计 9 000 元。小张有幸作为优秀营销员参加了此次活动，小张当月工资 4 600 元(其中，包括三险一金 400 元、节日补助 1 000 元)，该公司应如何计算小张 9 月份应纳的个人所得税。

4. 张莉是北京一家公司的部门经理，月薪 5 600 元，为了方便工作，张莉经常使用自己的私人车辆外出办理公司业务，从 2011 年 6 月份起，公司每月为其报销保险和养路费等 1 000 元。2011 年 9 月份公司与张莉签订了一份租车合同，每月支付其租赁费 1 000 元，同时不再给其报销保险和养路费等费用。2011 年 6 月和 2011 年 9 月，张莉分别应缴纳多少个人所得税？

5. 某保险公司代理推销员小李(非雇员)2011 年 9 月从保险公司取得提成收入 12 000 元，该保险公司应如何代扣小李 9 月份的个人所得税？

第3章

其他项目所得应纳税额的计税规定

3.1　劳务报酬所得

要　点

本节主要介绍劳务报酬所得应纳税额的计税规定，内容包括：基本规定与应纳税额计算，单位或个人为纳税义务人的劳务报酬所得代付税款的计税规定，个人销售、承揽广告取得提成收入的计税规定，董事费收入的计税规定，演职人员、运动员取得所得的计税规定以及个人举办学习班、培训班取得所得的计税规定等。

解　释

◆ 基本规定与应纳税额计算

1. 应纳税所得额

劳务报酬所得以个人每次取得的收入，定额或定率减除规定费用后的余额为应纳税所得额。每次收入不超过 4 000 元的，定额减除费用 800 元；每次收入在 4 000 元以上的，定率减除 20％的费用。其计算公式如下：

(1) 每次收入不超过 4 000 元的：

应纳税所得额＝每次收入额－800 元

(2) 每次收入在 4 000 元以上的：

应纳税所得额＝每次收入额×(1－20％)

劳务报酬所得因其通常具有不固定、不经常性，不便于按月计算，所以，规定凡属于一次性收入的，以取得该项收入为一次，按次确定应纳税所得额；凡属于同一项目连续性收入的，以一个月内取得的收入为一次，据以确定应纳税所得额。考虑属地管辖与时间划定有交叉的特殊情况，统一规定以县(含县级市、区)为一地，其管辖内的一个月内同一项目的劳务服务为一次；当月跨县地域的，则应分别计算。

上述劳务报酬所得中的“同一项目”是指劳务报酬所得列举29项具体劳务项目中的某一单项，如果个人兼有不同的劳务报酬所得，应当分别按不同的项目所得定额或定率减除费用。

此外，获得劳务报酬所得的纳税人从其收入中支付给中介人和相关人员的报酬，除另有规定外，在定率扣除20%的费用后，一律不再扣除。对中介人和相关人员取得的报酬，应分别计征个人所得税。

2. 应纳税额的计算方法

劳务报酬所得适用20%的比例税率，其应纳税额的计算公式如下：

应纳税额＝应纳税所得额×适用税率

如果纳税人的每次应税劳务报酬所得超过20 000元，应实行加成征税，其应纳税总额应依据相应税率和速算扣除数计算。计算公式如下：

应纳税额＝应纳税所得额×适用税率－速算扣除数

3. 加成征税规定

对劳务报酬所得一次收入畸高的，规定在适用20%税率征税的基础上，实行加成征税办法。“劳务报酬所得一次收入畸高的”，是指个人一次取得劳务报酬，其应纳税所得额超过20 000元。劳务报酬所得加成征税采取超额累进办法，对应纳税所得额超过20 000元至50 000元的部分，依照税法规定计算应纳税额后，再按照应纳税额加征五成；对超过50 000元的部分，按应纳税额加征十成，这等于对应纳税所得额超过20 000元和超过50 000元的部分分别适用30%和40%的税率，所以，对劳务报酬所得实行加成征税办法，实际上是一种特殊的、延伸的三级超额累进税率，如表3-1所示。

表3-1　劳务报酬所得适用税率表

级数	每次应纳税所得额	税率(%)	速算扣除数(元)
1	不超过20 000元的部分	20	0
2	超过20 000元至50 000元的部分	30	2 000
3	超过50 000元的部分	40	7 000

◆ 单位或个人为纳税义务人的劳务报酬所得代付税款的计税规定

如果单位或个人为纳税人代付税款，应当将单位或个人支付给纳税人的不含税支付额(或称纳税人取得的不含税收入额)换算为应纳税所得额，然后再按规定计算应代付的个人所得税款。其计算公式如下：

(1) 不含税收入额不超过3 360元：

应纳税所得额＝（不含税收入额－800）÷（1－税率）

应纳税额＝应纳税所得额×适用税率

（2）不含税收入额超过 3 360 元：

应纳税所得额＝［（不含税收入额－速算扣除数）×（1－20％）］÷［1－税率×（1－20％）］

或：应纳税所得额＝［（不含税收入额－速算扣除数）×（1－20％）］÷当级换算系数

应纳税额＝应纳税所得额×适用税率－速算扣除数

上述公式(1)和(2)中的税率，是指不含税劳务报酬收入所对应的税率，如表 3-2 所示；适用税率，是指应纳税所得额按含税级距所对应的税率，如表 3-1 所示。

表 3-2 不含税劳务报酬收入适用税率表

级数	不含税劳务报酬收入额	税率(％)	速算扣除数(元)	换算系数(％)
1	未超过 3 360 元的部分	20	0	无
2	超过 3 360 元至 21 000 元的部分	20	0	84
3	超过 21 000 元至 49 500 元的部分	30	2 000	76
4	超过 49 500 元的部分	40	7 000	68

◆ 个人销售、承揽广告取得提成收入的计税规定

（1）凡个人按承揽广告业务收入、企业销售收入等经济指标比例提成，上述提成无论是以现金支付还是以票据抵销等形式取得的个人收入均应依法缴纳个人所得税。提成收入包括业务招待费、组稿费、信息费、差旅费、劳务费、奖金等。

（2）以上述形式取得收入的人员为企业员工的，按工资、薪金所得项目征税；若为非企业员工，其取得的个人收入按劳务报酬项目计税。

（3）上述人员的提成收入，凡承揽业务费用、销售费用由个人负担的，在国家税务总局未有统一规定前，北京市规定可暂按提成收入扣除30％以下的费用（包括差旅费、业务招待费、通信费等）后，再依照个人所得税法有关规定计算缴纳个人所得税。

（4）支付单位在支付个人收入时均应严格履行代扣代缴个人所得税义务。

（5）纳税人在广告设计、制作、发布过程中提供名义、形象而取得的所得，应按劳务报酬所得项目计算纳税。

◆ **董事费收入的计税规定**

(1) 个人由于担任董事职务所取得的董事费收入，属于劳务报酬所得性质，按照劳务报酬所得项目征收个人所得税。此方法，仅适用于个人担任公司董事、监事，且不在公司任职、受雇的情形。

(2) 担任中国境内企业董事的个人，其取得的由该中国境内企业支付的董事费，应自其担任该中国境内企业董事职务起，至其解除上述职务止的期间，不论其是否在中国境外履行职务，均应申报缴纳个人所得税。

◆ **演职人员、运动员取得所得的计税规定**

演出团体支付给演员、运动员个人的报酬，凡是演员、运动员属于临时聘请，不是该演出团体雇员的，应按劳务报酬所得，减除规定费用后，计算缴纳个人所得税；凡是演员、运动员属于该演出团体雇员的，应按工资、薪金所得，减除规定费用后，计算缴纳个人所得税。

凡与单位存在工资、人事方面关系的人员，其为本单位工作所取得的报酬，属于"工资、薪金所得"应税项目征税范围；而其因某一特定事项临时为外单位工作所取得的报酬，不属于税法中所说的"受雇"，应是"劳务报酬所得"应税项目征税范围。所以，对电影制片厂导演、演职人员参加本单位的影视拍摄所取得的报酬，应按"工资、薪金所得"应税项目计征个人所得税。对电影制片厂为了拍摄影视片而临时聘请非本厂导演、演职人员，其所取得的报酬，应按"劳务报酬所得"应税项目计征个人所得税。

对外国或港、澳、台地区演员、运动员以个人名义在我国(大陆)从事演出、表演所取得的收入，应依照个人所得税法的有关规定，按劳务报酬所得计算缴纳个人所得税。

演员、运动员应以其在一地演出所得报酬，向演出所在地主管税务机关申报缴纳个人所得税。在一地演出多场的，以在一地多场演出取得的总收入为一次收入，计算缴纳个人所得税。

◆ **个人举办学习班、培训班取得所得的计税规定**

个人经政府有关部门批准并取得执照举办学习班、培训班的，其取得的办班收入属于"个体工商户的生产、经营所得"应税项目，应按《中华人民共和国个人所得税法》规定计征个人所得税。

个人无须经政府有关部门批准并取得执照举办学习班、培训班的，其取得的办班收入按"劳务报酬所得"项目计征个人所得税。其中，办班者每次收入按以下方法确定：一次收取学费的，以一期取得的收入为一次；分次收取学费的，以每月取得的收入为一次。

◆ 个人从事医疗服务活动取得所得的计税规定

个人受医疗机构临时聘请坐堂门诊以及售药，由该医疗机构支付报酬，或收入与该医疗机构按比例分成的人员，其取得的所得，按照“劳务报酬所得”应税项目缴纳个人所得税，以一个月内取得的所得为一次，税款由该医疗机构代扣代缴。

◆ 律师支付报酬或者从当事人取得报酬的计税规定

律师以个人名义再聘请其他人员为其工作而支付的报酬，应由该律师按“劳务报酬所得”应税项目负责代扣代缴个人所得税。

律师从接受法律事务服务的当事人处取得的法律顾问费或其他酬金，均按“劳务报酬所得”应税项目征收个人所得税，税款由支付报酬的单位或个人代扣代缴。

◆ 保险企业营销员（非雇员）所得应纳税额的计税规定

对保险企业营销员(非雇员)提供推销代理等服务活动取得的收入，以一个月内取得的收入为一次，按劳务报酬所得征税。

保险营销员的佣金由展业成本和劳务报酬构成。按照税法规定，对佣金中的展业成本，不征收个人所得税；对劳务报酬部分，扣除实际缴纳的营业税金及附加后，依照税法有关规定计算征收个人所得税。根据目前保险营销员展业的实际情况，佣金中展业成本的比例暂定为40%。

◆ 享受免费旅游的奖励作为当期收入的计税规定

参见2.3节中“免费旅游的计税规定”。

◆ 学生勤工俭学所得的计税规定

在校学生参与勤工俭学活动(包括参与学校组织的勤工俭学活动)而取得属于个人所得税法规定的应税项目的所得，应依法缴纳个人所得税。

相关知识

◆ 税收协定关于独立个人劳务的定义和判定

(1)“独立个人劳务”是指以独立的个人身份从事科学、文学、艺术、教育或教学活动以及医学、律师、工程师、建筑师、牙医师和会计师等专业性劳务人员，没有固定的雇主，可以多方面提供劳务。

(2)对应聘来华从事劳务的人员提出对其适用税收协定独立个人劳务条款规定的，应向我主管税务机关提供如下证明：

① 职业证件，包括登记注册证件和能证明其身份的证件，或者由其为居民的缔约国税务当局在出具居民证明中注明其现时人事专业性劳务的职业。

② 提供其与有关公司签订的劳务合同，表明其与该公司的关系是劳务服务关系，不是雇主与雇员的关系。

审核合同时，应着重以下几点：

A. 医疗保险、社会保险、假期工资、海外津贴等方面不享受公司雇员待遇；

B. 其从事劳务服务所取得的劳务报酬，是按相对的小时、周、月或一次性计算支付；

C. 其劳务服务的范围是固定的或有限的，并对完成的工作负有质量责任；

D. 其为提供合同规定的劳务所相应发生的各项费用，由其个人负担。

(3) 对于不能提供上述证明，或在劳务合同中未载明有关事项或难以区别的，仍应视其所从事的劳务为非独立个人劳务。

实例详解

【例 3-1】 林某应邀为 A 公司(非任职单位)进行经营策划。

(1) 若报酬为 12 000 元，计算林某应纳个人所得税税额。

(2) 若报酬为 50 000 元，计算林某应纳个人所得税税额。

【分析】

(1) 报酬为 12 000 元，则林某应纳的个人所得税计算如下：

应纳税额＝12 000×(1－20%)×20%＝1 920(元)

(2) 报酬为 50 000 元，则林某应纳的个人所得税计算如下：

应纳税额＝50 000×(1－20%)×30%－2 000＝10 000(元)

或：应纳税所得额＝50 000×(1－20%)＝40 000(元)

应纳个人所得税税额＝20 000×20%＋(40 000－20 000)×30%＝10 000(元)

【例 3-2】 高级工程师赵某为泰华公司进行一项工程设计，按照合同规定，公司应支付赵某劳务报酬 46 000 元，与其报酬相关的个人所得税由公司代付。不考虑其他税收的情况下，计算公司应代付的个人所得税。

【分析】

(1) 代付个人所得税的应纳税所得额＝[(46 000－2 000)×(1－20%)]÷76%＝46 315.79(元)

(2) 应代付个人所得税＝46 315.79×30％－2 000＝11 894.74(元)

【例 3-3】 美国人迈克在我国一家合资企业任董事，同时担任财务总监一职，2011 年 9 月合资企业支付其工资 12 000 元，董事费 20 000 元。迈克 2011 年 9 月应缴纳多少个人所得税？

【分析】

(1) 工资收入应纳税额：(12 000－4 800)×20％－555＝885(元)

(2) 董事费收入应纳税额：20 000×(1－20％)×20％＝3 200(元)

(3) 9 月份应纳税款：885＋3 200＝4 085(元)

【例 3-4】 台湾地区歌手刘某，应某省文化部门邀请，于 2010 年 6 月份来该省举办 3 场个人演唱会，每一场演出收入 80 000 元(已扣除其他税费)。问台湾地区歌手刘某应如何纳税？

【分析】 演员、运动员个人应缴纳的个人所得税，应以其在一地演出所得报酬，依照个人所得税法的有关规定，在演出所在地主管税务机关申报缴纳。属于劳务报酬所得在一地演出多场的，以在一地多场演出取得的总收入为一次，计算缴纳个人所得税。刘某在一地演出 3 场，取得劳务报酬所得 240 000 元(80 000×3)。

应纳税所得额＝80 000×3×(1－20％)＝192 000(元)

应纳税额＝192 000×40％－7 000＝69 800(元)

3.2 稿酬所得

要 点

本节主要介绍稿酬所得应纳税额的计税规定，内容包括：基本规定与应纳税额计算，个人出版、发表作品所得的计税规定，在图书、报刊上使用个人作品发布广告的计税规定，记者、编辑等专业人员发表作品所得和其他人员发表作品所得的计税规定。

解 释

◆ 基本规定与应纳税额计算

1. 应税所得额

稿酬所得以个人每次取得的收入，定额或定率减除规定费用后的余额为应纳税所得额。每次收入不超过 4 000 元的，定额减除费用 800 元；

每次收入在4 000元以上的，定率减除20%的费用。费用扣除的计算方法与劳务报酬所得相同。

2. 应纳税额的计算方法

稿酬所得适用20%的比例税率，并按规定对应纳税额减征30%，即实际缴纳税额是应纳税额的70%，其计算公式如下：

应纳税额＝应纳税所得额×适用税率

实际缴纳税额＝应纳税额×(1－30%)

◆ 个人出版、发表作品所得的计税规定

(1) 个人每次以图书、报刊方式出版、发表同一作品(文字作品、书画作品、摄影作品以及其他作品)，不论出版单位是预付还是分笔支付稿酬，或者加印该作品后再付稿酬，均应合并为一次征税。

(2) 在两处或两处以上出版、发表或再版同一作品而取得的稿酬，则可以分别按各处取得的所得或再版所得分次征税。

(3) 个人的同一作品在报刊上连载，应合并其因连载而取得的所得为一次。连载之后又出书取得稿酬的，或先出书后连载取得稿酬的，应视同再版稿酬分次征税。

(4) 作者去世后，对取得其遗作稿酬的个人，按稿酬所得征税。

◆ 在图书、报刊上使用个人作品发布广告的计税规定

在图书、报刊上发布广告，使用个人作品并由出版单位支付的个人所得，按稿酬所得项目计算纳税。

◆ 记者、编辑等专业人员发表作品所得和其他人员发表作品所得的计税规定

(1) 任职、受雇于报刊、杂志等单位的记者、编辑等专业人员，因在本单位的报刊、杂志上发表作品取得的所得，属于因任职、受雇而取得的所得，应与其当月工资收入合并，按"工资、薪金所得"项目征收个人所得税。

(2) 除上述专业人员以外，其他人员在本单位的报刊、杂志上发表作品取得的所得，应按"稿酬所得"项目征收个人所得税。

(3) 出版社的专业作者撰写、编写或翻译的作品，由本社以图书形式出版而取得的稿费收入，应按"稿酬所得"项目计算缴纳个人所得税。

实例详解

【例3-5】 由刘某编写的《中国税制篇》在中国税务报上连载(两个

月)，分别取得收入 500 元、650 元。后经本人同意出书，刘某从财经出版社取得稿费 8 000 元，由于该书很畅销，一年后再版，刘某又取得稿费 4 600 元，其应缴纳多少个人所得税？

【分析】 三项报酬均为稿酬所得：

报刊连载应纳税额＝[(500＋650)－800]×20%×(1－30%)＝49(元)

出书应纳税额＝8 000×(1－20%)×20%×(1－30%)＝896(元)

再版应纳税额＝4 600×(1－20%)×20%×(1－30%)＝515.2(元)

三项合计纳税＝49＋896＋515.2＝1 460.2(元)

【例 3-6】 作家张某出版一部小说，稿酬 20 000 元。后因小说畅销，出版社加印若干册，追加稿酬 4 000 元。该部小说在报刊上连载 4 个月，每月稿酬 3 600 元。计算其应缴纳的个人所得税。

【分析】

出版小说的应纳税额＝(20 000＋4 000)×(1－20%)×20%×(1－30%)＝2 688(元)

连载小说的应纳税额＝3 600×4×(1－20%)×20%×(1－30%)＝1 612.8(元)

【例 3-7】 某杂志社为增加其杂志发行量，在其刊物上发布广告。该广告中使用了某作家的两首诗歌，杂志社按合同约定支付作者 12 000 元报酬。该杂志社应为作者扣缴多少个人所得税？

【分析】

(1) 应纳税所得额＝12 000×(1－20%)＝9 600(元)

(2) 应纳税额＝9 600×20%×(1－30%)＝1 344(元)

【例 3-8】 深圳某出版社编辑于美涛，2011 年 9 月取得工资、薪金所得 11 000 元，考勤奖金 1 200 元，编辑费 6 500 元，该单位应如何扣缴其个人所得税？

【分析】 考勤奖金应合并当月工资计税，编辑费应按稿酬所得计税：

(1) 工资、薪金所得应纳税所得额＝11 000＋1 200－3 500＝8 700(元)

应纳税额＝8 700×20%－555＝1 185(元)

(2) 稿酬所得应纳税所得额＝6 500×(1－20%)＝5 200(元)

应纳税额＝5 200×20%×(1－30%)＝728(元)

(3) 应纳税合计＝1 185＋728＝1 913(元)

该单位 2011 年 9 月应代扣代缴于美涛个人所得税 1 913 元。

【例 3-9】 上海某报社记者方玉 2011 年 10 月取得工资、薪金所得 3 200 元，当月在本报社刊物上发表文章取得组稿费 1 000 元。田润是本报社会计，工资收入与方玉相同，当月在本报社刊物发表作品取得组稿费 1 000 元，报社应如何代扣代缴方玉、田润二人的个人所得税？记者方玉的作品被另一报社转载，支付酬金 1 600 元，方玉应缴纳个人所得税多少元？

【分析】

(1) 记者方玉为报社专业人员，在本单位刊物上发表作品取得组稿费，应与当月工资合并计税：

方玉应纳税额＝(3 200＋1 000－3 500)×3%＝21(元)

(2) 报社会计田润在本单位发表作品取得收入，属于“稿酬所得”，应与当月工资分别计税：

① 会计田润工资、薪金所得应纳税额：

3 200＜3 500，应纳税所得额＝0(元)

② 会计田润稿酬所得应纳税额：

(1 000－800)×20%×(1－30%)＝28(元)

③ 会计田润应纳税额＝28(元)

(3) 记者方玉的作品被另一报社转载应按稿酬所得计税：

应纳税额＝(1 600－800)×20%×(1－30%)＝112(元)

3.3 财产租赁所得

要 点

本节主要介绍财产租赁所得应纳税额的计税规定，内容包括：基本规定与应纳税额计算，酒店产权式经营业主提供房产使用权的计税规定，出租境内房屋所得的计税规定，转租使用权的计税规定，个人投资设备所得的计税规定以及个人财产公用所得的计税规定。

解 释

◆ 基本规定与应纳税额计算

1. 应纳税所得额

财产租赁所得通常以个人每次取得的收入，定额或定率减除规定费用后的余额为应纳税所得额。每次收入不超过 4 000 元，定额减除费用

800 元；每次收入在 4 000 元以上，定率减除 20%的费用。财产租赁所得以一个月内取得的收入为一次。

在确定财产租赁的应纳税所得额时，纳税人在出租财产过程中缴纳的税金和教育费附加，可持完税（缴款）凭证，从其财产租赁收入中扣除。准予扣除的项目除了规定费用和有关税、费外，还准予扣除能够提供有效、准确的凭证，证明由纳税人负担的该出租财产实际开支的修缮费用。允许扣除的修缮费用，以每次 800 元为限。一次扣除不完的，准予在下一次继续扣除，直到扣完为止。

个人出租财产取得的财产租赁收入，在计算缴纳个人所得税时，应依次扣除以下费用。

（1）财产租赁过程中缴纳的税费。

（2）由纳税人负担的该出租财产实际开支的修缮费用。

（3）税法规定的费用扣除标准。

每次（月）收入不超过 4 000 元的：

应纳税所得额＝每次（月）收入额－准予扣除项目－修缮费用（800 元为限）－800

每次（月）收入超过 4 000 元的：

应纳税所得额＝［每次（月）收入额－准予扣除项目－修缮费用（800 元为限）］×（1－20%）

2. 应纳税额的计算方法

财产租赁所得适用 20%的比例税率。但是对个人按市场价格出租的居民住房取得的所得，自 2001 年 1 月 1 日起暂减按 10%的税率征收个人所得税。其应纳税额的计算公式如下：

应纳税额＝应纳税所得额×适用税率

在实际征税过程中，有时会出现财产租赁所得的纳税人不明确的情况。对此，在确定财产租赁所得纳税人时，应以产权凭证为依据。无产权凭证的，由主管税务机关根据实际情况确定纳税人。如果产权所有人死亡，在未办理产权继承手续期间，该财产出租并且有租金收入的，以领取租金的个人为纳税人。

◆ 酒店产权式经营业主提供房产使用权的计税规定

酒店产权式经营业主在约定的时间内提供房产使用权与酒店进行合作经营，如房产产权并未归属新的经济实体，酒店产权式经营业主按照约定取得的固定收入和分红收入均应视为租金收入，根据有关税收法律、行政法规的规定，应按照“服务业—租赁业”征收营业税，按照财产租赁所得项目征收个人所得税。

◆ 出租境内房屋所得的计税规定

对个人出租中国境内房屋取得的房屋租金收入，无论其是否在中国境内居住，均允许扣除税费后，就其余额征收个人所得税。

◆ 转租使用权的计税规定

根据《中华人民共和国个人所得税法实施条例》第八条规定，个人转租浅海滩涂使用权取得的收入，应按照“财产租赁所得”应税项目征收个人所得税，其每年实际上交村委会的承包费可以在税前扣除；同时，个人一并转让原海滩的设施和剩余文蛤的所得应按照“财产转让所得”应税项目征收个人所得税。

◆ 个人投资设备所得的计税规定

个人和医院签订协议规定，由个人出资购买医疗仪器或设备交医院使用，取得的收入扣除有关费用后，剩余部分双方按一定比例分成；医疗仪器或设备使用达到一定年限后，产权归医院所有，但收入继续分成。

个人的上述行为，实际上是一种具有投资特征的融资租赁行为，对上述个人取得的分成所得，应按照“财产租赁所得”项目征收个人所得税，具体计征办法为：自合同生效之日起至财产产权发生转移之日止，个人取得的分成所得可在上述年限内按月平均扣除设备投资后，就其余额计征个人所得税；产权转移后，个人取得的全部分成收入应按税法规定计征个人所得税。税款由医院在向个人支付所得时代扣代缴。

◆ 个人财产公用所得的计税规定

对企业支付个人车辆的支出，均应视同企业向个人支付的所得，按工资薪金所得计算纳税；但能够提供租赁合同的，可按财产租赁所得计算纳税。其他个人财产公用的，参照此办法执行。

实例详解

【例 3-10】 郑某于 2011 年 1 月将其自有的 4 间面积为 160 平方米的房屋出租给张某居住，租期 1 年。郑某每月取得租金收入 1 600 元，全年租金收入 19 200 元。计算郑某全年租金收入应缴纳的个人所得税。

【分析】 财产租赁收入以每月内取得的收入为一次，因此，郑某每月及全年应纳税额为：

(1) 每月应纳税额＝(1 600－800)×10％＝80(元)

(2) 全年应纳税额＝80×12＝960(元)

本例在计算个人所得税时未考虑其他税、费。如果对租金收入计征营业税、城市维护建设税、房产税和教育费附加等，还应将其从税前的收入中先扣除后再计算应缴纳的个人所得税。

假定上例中，当年2月份因下水道堵塞找人修理，修理费用为500元，有维修部门的正式收据，则2月份的应纳税额为：

应纳税额＝(1 600－500－800)×10％＝30(元)

全年应纳税额＝80×11＋30＝910(元)

【例3-11】 小王在大连蓝天公司任职，每月工资、薪金5 200元，2011年9月小王将自己的轿车出租给公司使用，双方签订租赁协议，公司每月支付小王租金2 000元，(已扣除营业税、城建税、教育费附加和印花税)，公司应如何代扣代缴其个人所得税？

【分析】 小王每月从公司取得收入7 200元，其中5 200元是工薪收入，2 000元是财产租赁收入，两项收入应分别计税。

(1) 工薪所得应纳税额＝(5 200－3 500)×10％－105＝65(元)

(2) 财产租赁所得应纳税额＝(2 000－800)×20％＝240(元)

(3) 共扣缴税额＝65＋240＝305(元)

2011年9月公司应扣缴小王个人所得税305元。

3.4 特许权使用费所得

要 点

本节主要介绍特许权使用费所得应纳税额的计税规定，内容包括：基本规定与应纳税额计算，拍卖个人作品所得的计税规定，个人从事广告业取得所得的计税规定，个人为电影制片厂提供作品所得的计税规定，专业文学创作人员取得剧本使用费的计税规定以及个人取得专利赔款所得的计税规定。

解 释

◆ 基本规定与应纳税额计算

1. 应纳税所得额

特许权使用费所得以个人每次取得的收入，定额或定率减除规定费用后的余额为应纳税所得额。每次收入不超过4 000元的，定额减除费用800元；每次收入在4 000元以上的，定率减除20%的费用。费用扣除计算方法与劳务报酬所得相同。其中，每次收入是指一项特许权的一次许可使用所取得的收入。

对个人从事技术转让中所支付的中介费，若能提供有效合法凭证，允许从其所得中扣除。

2. 应纳税额的计算方法

特许权使用费所得适用20%的比例税率，其应纳税额的计算公式如下：

应纳税额＝应纳税所得额×适用税率

◆ 拍卖个人作品所得的计税规定

根据《国家税务总局关于印发〈征收个人所得税若干问题的规定〉的通知》(国税发[1994]089号)，作者将自己的文字作品手稿原件或复印件公开拍卖(竞价)取得的所得，应以其转让收入额减除800元(转让收入额4 000元以下)或者20%(转让收入额4 000元以上)后的余额为应纳税所得额，按照“特许权使用费”所得项目适用20%税率缴纳个人所得税。

◆ 个人从事广告业取得所得的计税规定

对于在广告经营中提供名义、形象，或在广告设计、制作、发布过程中提供劳务并且取得所得的个人，以及对广告主、广告经营者或受托从事广告制作的单位和广告发布者，国家制定了专门的个人所得税征收管理办法。

1. 纳税人和扣缴义务人

在广告经营中提供名义、形象，或在广告设计、制作、发布过程中提供劳务并且取得所得的个人，是个人所得税的纳税人。

直接向上述个人支付所得的广告主、广告经营者、受托从事广告制作的单位和广告发布者，是个人所得税的扣缴义务人。其中，“广告主”是指为推销商品或提供服务，自行或委托他人设计、制作、发布广告的法人、其他经济组织或者个人；“广告经营者”是指受托提供广告设计、制作、代理服务的法人、其他经济组织或者个人，如广告公司等；“从事广告制作的单位”是指受广告主或广告经营者委托而从事广告设计、制作的法人、其他经济组织或者个人，他们既可以是广告公司，也可以是从事广告产品设计、制作、加工的其他企业、单位或个人；“广告发布者”是指为广告主或者广告主委托的广告经营者发布广告的法人以及其他经济组织，如报社、电台和电视台等。

2. 应税项目的适用

(1) 纳税人在广告设计、制作、发布过程中提供名义、形象而取得的所得,应按劳务报酬所得项目计算纳税。

(2) 纳税人在广告设计、制作、发布过程中提供其他劳务取得的所得,视其情况分别按照税法规定的劳务报酬所得、稿酬所得、特许权使用费所得等应税项目计算纳税。

(3) 扣缴义务人的本单位人员在广告设计、制作、发布过程中取得的由本单位支付的所得,按工资、薪金所得项目计算纳税。

3. 扣缴方法

以上个人所得项目,除工资、薪金所得以外,都实行按次征收或按次扣缴。其中,劳务报酬所得以纳税人每参与一项广告的设计、制作、发布所取得的所得为一次;稿酬所得以在图书、报刊上发布一项广告时使用其作品而取得的所得为一次;特许权使用费所得以提供一项特许权在一项广告的设计、制作、发布过程中使用而取得的所得为一次。上述所得采取分笔支付的,应合并为一次所得计算纳税。

◆ 个人为电影制片厂提供作品所得的计税规定

电影制片厂买断已出版的作品或向作者征稿而支付给作者的报酬,属于提供著作权的使用权而取得的所得,应按"特许权使用费所得"应税项目计征个人所得税;若电影文学剧本以图书、报刊形式出版、发表而取得的所得,应按"稿酬所得"应税项目计征个人所得税。

◆ 专业文学创作人员取得剧本使用费的计税规定

对于剧本作者从电影、电视剧的制作单位取得的剧本使用费,不再区分剧本的使用方是否为其任职单位,统一按特许权使用费所得项目计征个人所得税。

◆ 个人取得专利赔款所得的计税规定

个人取得的专利赔款所得,按"特许权使用费所得"应税项目缴纳个人所得税,税款由支付赔款的单位代扣代缴。

实例详解

【例 3-12】 王先生设计发明了一项航天技术模型并取得了专利权,后转让给某单位使用,并得到 40 000 元的报酬,他应如何缴纳个人所得税？

【分析】 该收入应按特许权使用费所得计税。

应纳税所得额＝40 000×(1－20%)＝32 000(元)

应纳税额＝32 000×20%＝6 400(元)

【例 3-13】 王某向 A 企业转让一项非专利技术的使用权，成交价格为 13 000 元。计算王某应纳所得税额。

【分析】

应纳税额＝13 000×(1－20%)×20%＝2 080(元)

【例 3-14】 某作家将自己的一份手稿原件通过一家拍卖公司拍卖，取得收入 480 000 元，该作家取得的拍卖收入应缴纳多少个人所得税？

【分析】 作者将自己的文字作品手稿或复印件公开拍卖(竞价)取得的所得，不同于其他拍卖所得，应按“特许权使用费”所得项目计征个人所得税。

应纳税额＝480 000×(1－20%)×20%＝76 800(元)

【例 3-15】 2009 年 6 月某影视公司向作者王女士征集电视剧剧本一部，经双方协商同意并签订合同，公司向王女士支付酬金 2 010 000 元。当月王女士又在群英出版社出版该作品，取得报酬 60 000 元。王女士一共应缴纳多少个人所得税？

【分析】 王女士的作品被影视公司和出版社同时征用，应分别计税。影视公司支付的报酬应按特许权使用费所得计税，出版社支付的报酬应按稿酬所得计税。

特许权使用费应纳税额＝2 010 000×(1－20%)×20%＝321 600(元)

稿酬所得应纳税额＝60 000×(1－20%)×20%×(1－30%)＝6 720(元)

共计应纳税额＝321 600＋6 720＝328 320(元)

3.5 财产转让所得

要 点

本节主要介绍财产转让所得应纳税额的计税规定，内容包括：基本规定与应纳税额计算，获奖人转让股权、出资比例所得的计税规定，职工个人转让股份所得的计税规定，个人转让或出售自有住房所得的计税规定，个人拍卖除文字作品原稿及复印件外的其他财产所得的计税规定以及股权转让所得的计税依据核定等。

解 释

◆ 基本规定与应纳税额计算

1. 应纳税所得额

财产转让所得以个人每次转让财产取得的收入额减除财产原值和相关税、费后的余额为应纳税所得额。其中,"每次"是指以一件财产的所有权一次转让取得的收入为一次。

财产转让所得中允许减除的财产原值包括如下内容。

(1) 有价证券。其原值为买入价以及买入时按规定缴纳的有关费用。一般地,转让债权采用"加权平均法"确定其应予减除的财产原值和合理费用,计算公式如下:

一次卖出某一种类的债券允许扣除的买价和费用＝购进该种债券买入价和买进过程中缴纳的税费总和÷购进该种类债券总数量×一次卖出的该种类债券数量＋卖出的该种类债券过程中缴纳的税费

每次卖出债券应纳个人所得税额＝(该次卖出该类债券收入－该次卖出该类债券允许扣除的买价和费用)×20％

(2) 建筑物。其原值为建造费或者购进价格以及其他有关费用。

(3) 土地使用权。其原值为取得土地使用权所支付的金额、开发土地的费用以及其他有关费用。

(4) 机器设备、车船。其原值为购进价格、运输费、安装费以及其他有关费用。

(5) 其他财产。其原值参照以上方法确定。如果纳税人未提供完整、准确的财产原值凭证,不能正确计算财产原值,由主管税务机关核定其财产原值。

财产转让所得中允许减除的合理费用是指卖出财产时按照规定支付的有关费用。

财产转让所得应纳税所得额的计算公式如下:

应纳税所得额＝每次收入额－财产原值－合理费用

(6) 个人因购买和处置债权取得所得征收个人所得税。

① 根据《中华人民共和国个人所得税法》以及有关规定,个人通过招标、竞拍或其他方式购置债权以后,通过相关司法或行政程序主张债权而

取得的所得，应按照“财产转让所得”项目缴纳个人所得税。

② 个人通过上述方式取得“打包”债权，只处置部分债权的，其应纳税所得额按以下方式确定。

A. 以每次处置部分债权的所得，作为一次财产转让所得征税。

B. 其应税收入按照个人取得的货币资产和非货币资产的评估价值或市场价值的合计数确定。

C. 所处置债权成本费用(即财产原值)，按以下公式计算：

当次处置债权成本费用＝个人购置“打包”债权实际支出×当次处置债权账面价值(或拍卖机构公布价值)÷“打包”债权账面价值(或拍卖机构公布价值)

D. 个人购买和处置债权过程中发生的拍卖招标手续费、诉讼费、审计评估费以及缴纳的税金等合理税费，在计算个人所得税时允许扣除。

2. 应纳税额的计算方法

财产转让所得适用20%的比例税率。其应纳税额的计算公式如下：

应纳税额＝应纳税所得额×适用税率

◆ 获奖人转让股权、出资比例所得的计税规定

(1) 科研机构、高等学校转化职务科技成果以股份或出资比例等形式给予科技人员个人奖励，经主管税务机关审核后，暂不征收个人所得税。

获奖人转让股权、出资比例，对其所得按“财产转让所得”应税项目征收个人所得税，财产原值为零。

上述高等学校是指全日制普通高等学校(包括大学、专门学校和高等专门学校)，科研机构人员个人必须是科研机构和高等学校的在编正式职工。

(2)《国家税务总局关于促进科技成果转化有关个人所得税问题的通知》(国税发[1999]125号)规定，科研机构、高等学校转化职务科技成果以股份或出资比例等股权形式给个人奖励，经主管税务机关审核后，暂不征收个人所得税。此项审核权自2007年8月1日起停止执行。

◆ 职工个人转让股份所得的计税规定

对职工个人以股份形式取得的拥有所有权的量化资产，暂缓征收个人所得税；待个人将股份转让时，就其转让收入额，减除个人取得该股份时实际支付的费用支出和合理转让费用后的余额，按“财产转让所得”项

目计征个人所得税。

◆ 个人转让或出售自有住房所得的计税规定

1. 国家税务总局《关于个人住房转让所得征收个人所得税有关问题的通知》(国税发[2006]108号)规定

(1) 对住房转让所得征收个人所得税时,以实际成交价格为转让收入。纳税人申报的住房成交价格明显低于市场价格且无正当理由的,征收机关依法有权根据有关信息核定其转让收入,但必须保证各税种计税价格一致。

(2) 对转让住房收入计算个人所得税应纳税所得额时,纳税人可凭原购房合同、发票等有效凭证,经税务机关审核后,允许从其转让收入中减除房屋原值、转让住房过程中缴纳的税金及有关合理费用。

(3) 纳税人未提供完整、准确的房屋原值凭证,不能正确计算房屋原值和应纳税额的,税务机关可根据《中华人民共和国税收征收管理法》第三十五条的规定,对其实行核定征税,即按纳税人住房转让收入的一定比例核定应纳个人所得税额。具体比例由省级地方税务局或者省级地方税务局授权的地市级地方税务局根据纳税人出售住房的所处区域、地理位置、建造时间、房屋类型、住房平均价格水平等因素,在住房转让收入1%～3%的幅度内确定。

2. 财政部、国家税务总局、住房和城乡建设部《关于调整房地产交易环节契税个人所得税优惠政策的通知》(财税[2010]94号)规定

对出售自有住房并在1年内重新购房的纳税人不再减免个人所得税。

◆ 个人拍卖除文字作品原稿及复印件外的其他财产所得的计税规定

个人拍卖除文字作品原稿及复印件外的其他财产,应以其转让收入额减除财产原值和合理费用后的余额为应纳税所得额,按照“财产转让所得”项目适用20%税率缴纳个人所得税。

对个人财产拍卖所得征收个人所得税时,以该项财产最终拍卖成交价格为其转让收入额。

个人财产拍卖所得适用“财产转让所得”项目计算应纳税所得额时,纳税人凭合法有效凭证(税务机关监制的正式发票、相关境外交易单据或海关报关单据、完税证明等),从其转让收入额中减除相应的财产原值、拍卖财产过程中缴纳的税金及有关合理费用。

（1）财产原值是指售出方个人取得该拍卖品的价格（以合法有效凭证为准）。具体为：

① 通过商店、画廊等途径购买的，为购买该拍卖品时实际支付的价款；

② 通过拍卖行拍得的，为拍得该拍卖品实际支付的价款及缴纳的相关税费；

③ 通过祖传收藏的，为其收藏该拍卖品而发生的费用；

④ 通过赠送取得的，为其受赠该拍卖品时发生的相关税费；

⑤ 通过其他形式取得的，参照以上原则确定财产原值。

（2）拍卖财产过程中缴纳的税金是指在拍卖财产时纳税人实际缴纳的相关税金及附加。

（3）有关合理费用是指拍卖财产时纳税人按照规定实际支付的拍卖费（佣金）、鉴定费、评估费、图录费、证书费等费用。

纳税人如不能提供合法、完整、准确的财产原值凭证，不能正确计算财产原值的，按转让收入额的3%征收率计算缴纳个人所得税；拍卖品为经文物部门认定是海外回流文物的，按转让收入额的2%征收率计算缴纳个人所得税。

纳税人的财产原值凭证内容填写不规范，或者一份财产原值凭证包括多件拍卖品且无法确认每件拍卖品一一对应的原值的，不得将其作为扣除财产原值的计算依据，应视为不能提供合法、完整、准确的财产原值凭证，并按上述规定的征收率计算缴纳个人所得税。

纳税人能够提供合法、完整、准确的财产原值凭证，但不提供有关税费凭证的，不得按征收率计算纳税，应当就财产原值凭证上注明的金额据实扣除，并按照税法规定计算缴纳个人所得税。

个人财产拍卖所得应纳的个人所得税税款，由拍卖单位负责代扣代缴，并按规定向拍卖单位所在地主管税务机关办理纳税申报。

拍卖单位代扣代缴个人财产拍卖所得应纳的个人所得税税款时，应给纳税人填开完税凭证，并详细标明每件拍卖品的名称、拍卖成交价格、扣缴税款额。

主管税务机关应加强对个人财产拍卖所得的税收征管工作，在拍卖单位举行拍卖活动期间派工作人员进入拍卖现场，了解拍卖的有关情况，宣传辅导有关税收政策，审核鉴定原值凭证和费用凭证，督促拍卖单位依法代扣代缴个人所得税。

◆ 股权转让所得的计税依据核定

为了加强股权转让个人所得税征管，国家税务总局2009年出台了

《关于加强股权转让所得征收个人所得税管理的通知》(国税函[2009]285号),之后国家税务总局又出台《关于股权转让所得个人所得税计税依据核定问题的公告》(国家税务总局公告[2010]27号),进一步明确了关于股权转让个人所得税计税依据核定的几个问题,从而更便于基层税务机关操作。

(1) 自然人转让所投资企业股权(份)(以下简称股权转让)取得所得,按照公平交易价格计算并确定计税依据。

计税依据明显偏低且无正当理由的,主管税务机关可采用下述列举的方法核定。

(2) 计税依据明显偏低且无正当理由的判定方法如下。

① 符合下列情形之一且无正当理由的,可视为计税依据明显偏低:

A. 申报的股权转让价格低于初始投资成本或低于取得该股权所支付的价款及相关税费的;

B. 申报的股权转让价格低于对应的净资产份额的;

C. 申报的股权转让价格低于相同或类似条件下同一企业同一股东或其他股东股权转让价格的;

D. 申报的股权转让价格低于相同或类似条件下同类行业的企业股权转让价格的;

E. 经主管税务机关认定的其他情形。

② 上述所称正当理由,是指以下情形:

A. 所投资企业连续三年以上(含三年)亏损;

B. 因国家政策调整的原因而低价转让股权;

C. 将股权转让给配偶、父母、子女、祖父母、外祖父母、孙子女、外孙子女、兄弟姐妹以及对转让人承担直接抚养或者赡养义务的抚养人或者赡养人;

D. 经主管税务机关认定的其他合理情形。

(3) 对申报的计税依据明显偏低且无正当理由的,可采取以下核定方法。

① 参照每股净资产或纳税人享有的股权比例所对应的净资产份额核定股权转让收入。

对知识产权、土地使用权、房屋、探矿权、采矿权、股权等合计占资产总额比例达50%以上的企业,净资产额须经中介机构评估核实。

② 参照相同或类似条件下同一企业同一股东或其他股东股权转让价格核定股权转让收入。

③ 参照相同或类似条件下同类行业的企业股权转让价格核定股权转让收入。

④ 纳税人对主管税务机关采取的上述核定方法有异议的，应当提供相关证据，主管税务机关认定属实后，可采取其他合理的核定方法。

(4) 纳税人再次转让所受让的股权的，股权转让的成本为前次转让的交易价格及买方负担的相关税费。

各级税务机关应切实加强股权转让所得征收个人所得税的动态税源管理，通过建立电子台账，跟踪股权转让的交易价格和税费情况，保证股权交易链条中各环节转让收入和成本的真实性。

(5) 上述所称股权转让不包括上市公司股份转让。

◆ 个人因购买和处置债权取得所得的计税规定

个人通过招标、竞拍或其他方式购置债权以后，通过相关司法或行政程序主张债权而取得的所得，应按照“财产转让所得”项目缴纳个人所得税。

个人通过上述方式取得“打包”债权，只处置部分债权的，其应纳税所得额按以下方式确定。

(1) 以每次处置部分债权的所得，作为一次财产转让所得征税。

(2) 其应税收入按照个人取得的货币资产和非货币资产的评估价值或市场价值的合计数确定。

(3) 所处置债权成本费用(即财产原值)，按下列公式计算：

当次处置债权成本费用＝个人购置“打包”债权实际支出×当次处置债权账面价值(或拍卖机构公布价值)÷“打包”债权账面价值(或拍卖机构公布价值)。

(4) 个人购买和处置债权过程中发生的拍卖招标手续费、诉讼费、审计评估费以及缴纳的税金等合理税费，在计算个人所得税时允许扣除。

相关知识

◆ 非产权人重新购房的计税规定

个人现自有住房房产证登记的产权人为1人，在出售后一年内又以产权人配偶名义或产权人夫妻双方名义按市场价重新购房的，产权人出售住房所得应缴纳的个人所得税，可以按照财政部、国家税务总局、建设部《关于个人出售住房所得征收个人所得税有关问题的通知》(财税字[1999]278号)第三条的规定，全部或部分予以免税；以其他人名义按市场价重新购房的，产权人出售住房所得应缴纳的个人所得税，不予免税。

◆ **对个人股权转让过程中取得违约金收入的计税规定**

根据《中华人民共和国个人所得税法》的有关规定，股权成功转让后，转让方个人因受让方个人未按规定期限支付价款而取得的违约金收入，属于因财产转让而产生的收入。转让方个人取得的该违约金应并入财产转让收入，按照“财产转让所得”项目计算缴纳个人所得税，税款由取得所得的转让方个人向主管税务机关自行申报缴纳。

实例详解

【例 3-16】 某人本期购入债券 900 份，每份买入价 10 元，支付购进买入债券的税费共计 150 元。本期内将买入的债券一次卖出 500 份，每份卖出价 12 元，支付卖出债券的税费共计 110 元。计算该个人售出债券应缴纳的个人所得税。

【分析】

(1) 一次卖出债券应扣除的买价及费用＝(9 000＋150)÷900×500＋110＝5 193.33(元)

(2) 应缴纳的个人所得税：(500×12－5 193.33)×20%＝161.33(元)

【例 3-17】 刘某于 2010 年 2 月转让私有住房一套，取得转让收入 230 000 元。该套住房购进时的原价为 190 000 元，转让时支付有关税费 16 000 元。计算刘某转让私房应缴纳的个人所得税。

【分析】

(1) 应纳税所得额＝230 000－190 000－16 000＝24 000(元)

(2) 应纳税额＝24 000×20%＝4 800(元)

【例 3-18】 王东将自己收藏的一幅字画通过境内拍卖公司进行拍卖，取得收入 1 200 000 元，拍卖公司扣除手续费 100 000 元，该字画是王东花费 950 000 元取得(有合法凭证)。王东应缴纳多少个人所得税？

【分析】 王东拍卖字画取得的收入应按财产转让所得计税，即

应纳税所得额＝1 200 000－950 000－100 000＝150 000(元)

应纳税额＝150 000×20%＝30 000(元)

若上例中王东不能提供该字画完整、准确的原值凭证，则他取得的全部拍卖收入，应按 3%征收率直接计征个人所得税，即

应纳税额＝1 200 000×3%＝36 000(元)

【例 3-19】 王强将自己的一台机器，转让给李秀，取得价款 16 000

元,减除机器原值以及发生的拆迁费、运输费等 9 000 元(均有合法凭证),其应缴纳多少个人所得税?

【分析】

应纳税额=(16 000−9 000)×20%=1 400(元)

3.6 利息、股息、红利所得

要 点

本节主要介绍利息、股息、红利所得应纳税额的计税规定,内容包括:基本规定与应纳税额计算,储蓄存款利息所得的计税规定,个人持股获得资本公积金转增资本的计税规定,获奖人按股权、出资比例取得分红所得的计税规定,个人或合伙吸储放贷取得收入的计税规定,集体企业职工量化资产参与企业分配所得的计税规定,个人投资者以企业资金支付消费性支出及购买家庭财产的计税规定以及个人投资者从其投资的企业借款长期不还的计税规定。

解 释

◆ 基本规定与应纳税额计算

1. 应纳税所得额

(1) 利息、股息、红利所得以个人每次取得的收入额为应纳税所得额,不得从收入额中扣除任何费用。其中,每次取得的收入是指支付单位或个人每次支付利息、股息、红利时,个人所取得的收入。对于股份制企业在分配股息、红利时,以股票形式向股东个人支付应得的股息、红利(即派发红股),应以派发红股的股票票面金额为收入额,计算征收个人所得税。

(2) 对个人投资者从上市公司取得的股息红利所得,自 2005 年 6 月 13 日起暂减按 50%计入个人应纳税所得额,依照现行税法规定计征个人所得税。

符合上述规定的上市公司,已按股息、红利全额计算扣缴个人所得税的,可按财税[2005]102 号文件规定的减税政策将多扣缴的税款退还个人投资者;税款已缴入国库的,由财税部门按规定程序办理退税,并且由扣缴义务人退还个人投资者。

(3) 对证券投资基金从上市公司分配取得的股息、红利所得,按照财税[2005]102 号文件规定，扣缴义务人在代扣代缴个人所得税时，减按50%计算应纳税所得额。

财税[2005]102 号文件所称上市公司是指在上海证券交易所、深圳证券交易所挂牌交易的上市公司。

2. 应纳税额的计算方法

利息、股息、红利所得适用 20%的比例税率。其应纳税额的计算公式如下：

应纳税额＝应纳税所得额(每次收入额)×适用税率

◆ 储蓄存款利息所得的计税规定

储蓄存款在 1999 年 10 月 31 日前孳生的利息所得，不征收个人所得税；储蓄存款在 1999 年 11 月 1 日至 2007 年 8 月 14 日孳生的利息所得，按照 20%的比例税率征收个人所得税；储蓄存款在 2007 年 8 月 15 日后孳生的利息所得，减按 5%的比例税率征收个人所得税；储蓄存款在 2008 年 10 月 9 日(含)以后孳生的利息所得，暂免征收个人所得税。

扣缴义务人在向储户结付利息时(包括储户取款时结付利息、活期存款结息日结付利息和办理储蓄存款自动转存业务时结付利息等)，依法代扣代缴税款。

◆ 个人持股获得资本公积金转增资本的计税规定

(1) 股份制企业在分配股息、红利时，以股票形式向股东个人支付应得的股息、红利(即派发红股)，应以派发红股的股票票面金额为收入额，按利息、股息、红利项目计征个人所得税。

(2) 股份制企业用资本公积金转增股本不属于股息、红利性质的分配，对个人取得的转增股本数额，不作为个人所得，不征收个人所得税。由于这一规定使许多人产生误解，认为股份制企业用资本公积金向个人股东转增股本不征收个人所得税。对此，国家税务总局在答复重庆市地方税务局“关于重庆市信用社在转制为重庆城市合作银行过程中个人股增值所得应纳个人所得税问题”时解释说，免征个人所得税的“资本公积金”，是指股份制企业通过股票溢价发行收入所形成的资本公积金。将此资本公积金转增股本由个人取得的数额，不作为应税所得征收个人所得税。而与此不相符合的其他资本公积金分配个人所得部分，应当依法征收个人所得税。

◆ 获奖人按股权、出资比例取得分红所得的计税规定

在获奖人按股份、出资比例获得分红时，对其所得按“利息、股息、红

利所得”应税项目征收个人所得税。

◆ 个人或合伙吸储放贷取得收入的计税规定

个人或者几个人合伙对外吸收存款、放出贷款，从中获取贷款利息的差额利润，这是违反国家金融管理规定的行为，应由有关部门依法取缔。在这种行为被有关部门取缔之前，为了防止其蔓延和调节个人收入，对个人或个人合伙取得的吸存放贷收入，应按照“个体工商户生产、经营所得”应税项目征收个人所得税；对个人将资金提供上述人员放贷而取得的利息收入，应作为集资利息收入，按照“利息、股息、红利所得”应税项目征收个人所得税，税款由利息所得支付者代扣代缴。

◆ 集体企业职工量化资产参与企业分配所得的计税规定

根据国家有关规定，允许集体所有制企业在改制为股份合作制企业时可以将有关资产量化给职工个人，为了支持企业改组改制的顺利进行，对于企业在这一改革过程中个人取得量化资产的有关个人所得税问题，现明确如下：

(1) 对职工个人以股份形式取得的仅作为分红依据，不拥有所有权的企业量化资产，不征收个人所得税；

(2) 对职工个人以股份形式取得的拥有所有权的企业量化资产，暂缓征收个人所得税；待个人将股份转让时，就其转让收入额，减除个人取得该股份时实际支付的费用支出和合理转让费用后的余额，按“财产转让所得”项目计征个人所得税。

对职工个人以股份形式取得的企业量化资产参与企业分配而获得的股息、红利，应按“利息、股息、红利”项目征收个人所得税。

◆ 个人投资者以企业资金支付消费性支出及购买家庭财产的计税规定

(1) 符合以下情形的房屋或其他财产，不论所有权人是否将财产无偿或有偿交付企业使用，其实质均为企业对个人进行了实物性质的分配，应依法计征个人所得税。

① 企业出资购买房屋及其他财产，将所有权登记为投资者个人、投资者家庭成员或企业其他人员。

② 企业投资者个人、投资者家庭成员或企业其他人员向企业借款用于购买房屋及其他财产，将所有权登记为投资者、投资者家庭成员或企业其他人员，且借款年度终了后未归还借款。

(2) 对个人独资企业、合伙企业的个人投资者或其家庭成员取得的所得，视为企业对个人投资者的利润分配，按照“个体工商户的生产、经营所得”项目计征个人所得税；除个人独资企业、合伙企业以外的其他企业的个人投资者或其家庭成员取得的下列所得，视为企业对个人投资者的红利分配，按照“利息、股息、红利所得”项目计征个人所得税；对企业其他人员取得的下列所得，按照“工资、薪金所得”项目计征个人所得税。

◆ 个人投资者从其投资的企业借款长期不还的计税规定

纳税年度内个人投资者从其投资企业（个人独资企业、合伙企业除外）借款，在该纳税年度终了后既不归还，又未用于企业生产经营的，其未归还的借款可视为企业对个人投资者的红利分配，依照“利息、股息、红利所得”项目计征个人所得税。

相关知识

◆ 企业为股东个人购买汽车的计税规定

(1) 企业购买车辆并将车辆所有权办到股东个人名下，其实质为企业对股东进行了红利性质的实物分配，应按“利息、股息、红利所得”项目征收个人所得税。

(2) 考虑到该股东个人名下的车辆同时也为企业经营使用的实际情况，允许合理减除部分所得，减除的具体数额由主管税务机关根据车辆的实际情况合理确定。

(3) 企业为个人股东购买的车辆，不属于企业的资产，不得在企业所得税前扣除折旧。

实例详解

【例 3-20】 李某年初从单位取得集资款的利息收入 760 元，应缴纳多少个人所得税？

【分析】

应纳税额＝760×20％＝152(元)

【例 3-21】 王某拥有 A 上市公司的股票，取得股息 12 000 元；拥有 B 公司(未上市)的股份，取得股利 24 000 元；参加电视台举办的有奖竞猜活动获得奖品价值 500 元。计算王某应缴纳的个人所得税额。

【分析】

拥有 A 公司股票取得股息的应纳税额＝12 000×50％×20％＝1 200

(元)

拥有B公司股份取得股利的应纳税额＝24 000×20％＝4 800(元)

取得奖品的应纳税额＝500×20％＝100(元)

王某应缴纳的个人所得税额＝1 200＋4 800＋100＝6 100(元)

【例 3-22】 某储户2007年2月14日存入一年定期人民币210 000元，假定年利息率3.78％，存款到期日，即2008年2月14日把存款及利息取出。利息及利息税应如何计算？

【分析】

(1) 应结付利息额＝210 000×3.78％＝7 938(元)

(2) 2007年8月14日前后孳生的利息各有6个月，利息应缴纳个人所得税为：

应缴纳的利息个人所得税额$=7\,938\times\frac{6}{12}\times20\%+7\,938\times\frac{6}{12}\times5\%=992.25$(元)

3.7　偶然所得

要　点

本节主要介绍偶然所得应纳税额的计税规定，内容包括：基本规定与应纳税额计算，取得免费使用权奖项的计税规定，因作出贡献取得一次性奖励收入的计税规定以及境外博彩所得的计税规定。

解　释

◆ 基本规定与应纳税额计算

1. 应纳税所得额

偶然所得是指个人得奖、中奖、中彩以及其他偶然性质的所得。得奖是指参加各种有奖竞赛活动取得名次得到的奖金。中奖、中彩是指参加各种有奖活动，如有奖销售、有奖储蓄或者购买彩票，按照规定程序，抽中、摇中号码而取得的奖金。

2. 应纳税额的计算方法

偶然所得以每次取得该项收入为一次，适用20％的比例税率，其应纳税额的计算公式如下：

应纳税额＝应纳税所得额(每次收入额)×适用税率

◆ **取得免费使用权奖项的计税规定**

商家以获取某种物品，如住房、汽车的免费使用权作为奖项，消费者取得了实物的使用权，可以运用该使用权获取收入或节省费用，使用权实质上是实物形态的表现形式。根据个人所得税的立法精神，个人取得的实物所得，包含取得实物的所有权和使用权。因此，可以认定消费者取得免费使用权，不管是自用或出租，已经取得了实物形式的所得，应按照“偶然所得”应税项目缴纳个人所得税，应纳税所得额可以参照同类消费品市场租赁价格确定，税款由提供单位代扣代缴。根据这一精神，对其他采取给予个人消费品无偿使用权形式支付报酬的，也应按“偶然所得”项目征税。

◆ **因作出贡献取得一次性奖励收入的计税规定**

个人因在各行各业作出突出贡献而从省级以下人民政府及其所属部门取得的一次性奖励收入，无论奖金来源于何处，均不属于税法所规定的免税范畴，应按“偶然所得”项目征收个人所得税。

◆ **境外博彩所得的计税规定**

中国公民在境外取得博彩所得，应按“偶然所得”应税项目计征个人所得税。

相关知识

◆ **中国社会保障论坛获奖征文颁发的奖金的计税规定**

根据《中华人民共和国个人所得税法》第四条第一项规定，中国社会保障论坛颁发给获奖征文的奖金不符合免税规定，因此，获奖人员的奖金应依法缴纳个人所得税。

◆ **个人取得不竞争款项的计税规定**

不竞争款项是指资产购买方企业与资产出售方企业自然人股东之间在资产购买交易中，通过签订保密和不竞争协议等方式，约定资产出售方企业自然人股东在交易完成后一定期限内，承诺不从事有市场竞争的相关业务，并负有相关技术资料的保密义务，资产购买方企业则在约定期限内，按一定方式向资产出售方企业自然人股东所支付的款项。

根据《中华人民共和国个人所得税法》第二条第十一项有关规定，鉴于资产购买方企业向个人支付的不竞争款项，属于个人因偶然因素取得的一次性所得，为此，资产出售方企业自然人股东取得的所得，应按照《中华人民共和国个人所得税法》第二条第十项“偶然所得”项目计算缴纳个人所得税，税款由资产购买方企业在向资产出售方企业自然人股东支付不竞争款项时代扣代缴。

实例详解

【例 3-23】 北京公民张娜在某电器商场 2010 年 2 月推出的购物抽奖活动中，幸运抽到了一等奖，获得在春节期间免费使用本田轿车一个月的权利。张娜应缴纳多少个人所得税？

【分析】 商场应向主管税务机关申报张娜获奖情况及相关资料。根据北京汽车租赁市场的行情，租用一辆本田轿车，一个月的费用大约在 6 000 元至 8 000 元之间。本着税负从轻的原则，经主管税务机关确认，张娜获得免费使用本田轿车权利的应纳税所得额可以确定为 6 000 元，税率为 20%。

应纳税额＝6 000×20%＝1 200 元。

【例 3-24】 李某是某报社一名记者，因出色完成一项重要采访任务获得区委宣传部一次性奖励 4 000 元，应缴纳多少个人所得税？

【分析】 李某取得的一次性奖励收入应按“偶然所得”项目计征个人所得税。

应纳税额＝4 000×20%＝800(元)

【例 3-25】 羽毛球运动员张某因参加华北地区友好联赛，获得第一名并取得比赛的赞助企业支付的 30 000 元奖金，应缴纳多少个人所得税？

【分析】 张某取得的奖金应按“偶然所得”项目计征个人所得税。

应纳税额＝30 000×20%＝6 000(元)

3.8　其他所得

要　点

本节主要介绍其他所得应纳税额的计税规定，内容包括：基本规定与应纳税额计算，“蔡冠深中国科学院院士奖金”所得的计税规定，银行揽储奖金所得的计税规定，在庆典、业务往来活动中取得礼品的计税规定，未出险人所得利息的计税规定，保险无赔偿优待收入的计税规定，股民从证券公司取得的回扣收入的计税规定以及个人为单位或他人提供担保取得所得的计税规定。

解 释

◆ 基本规定与应纳税额计算

其他所得以每次收入额为应纳税所得额，适用20%的比例税率，其应纳税额的计算公式如下：

应纳税额＝应纳税所得额(每次收入额)×适用税率

◆ “蔡冠深中国科学院院士奖金”所得的计税规定

香港实业家蔡冠深先生捐资500万元人民币建立“蔡冠深中国科学院院士荣誉基金会”，并用基金的利息颁发中国科学院院士荣誉奖金(80岁至89岁的院士每人每年6 000元，90岁以上的院士每人每年12 000元)。这对发扬中华民族尊老敬贤的优良传统，促进尊重知识、尊重人才的良好社会风气的形成有积极作用。但由于这种奖金不属于个人所得税法定免税奖金的范围，加之国家对中国科学院院士津贴已有免征个人所得税的优惠规定，所以对中国科学院院士荣誉奖金，应按《中华人民共和国个人所得税法》的“其他所得”应税项目，依20%的比例税率计征个人所得税，税款由该基金会在颁发奖金时代扣代缴。

◆ 银行揽储奖金所得的计税规定

对银行部门以超过国家规定利率和保值补贴率支付给储户的揽储奖金，应按“其他所得”项目征收个人所得税，税率为20%。

◆ 在庆典、业务往来活动中取得礼品的计税规定

部分单位和部门在年终总结、各种庆典、业务往来及其他活动中，为其他单位和部门的有关人员发放现金、实物或有价证券，应按“其他所得”项目计算缴纳个人所得税，税款由支付所得的单位代扣代缴。

◆ 未出险人所得利息的计税规定

对保险公司按投保金额，以银行同期储蓄存款利率支付给在保期内未出险的人寿保险户的利息(或以其他名义支付的类似收入)，按“其他所得”应税项目征收个人所得税，税款由支付利息的保险公司代扣代缴。

◆ 保险无赔偿优待收入的计税规定

对于个人因任职单位缴纳有关保险费用而取得的无赔款优待收入，

按照“其他所得”应税项目计征个人所得税。对于个人自己缴纳有关商业保险费(保费全部返还个人的保险除外)而取得的无赔款优待收入,不作为个人的应纳税收入,不征收个人所得税。

◆ **股民从证券公司取得的回扣收入的计税规定**

对于股民个人从证券公司取得的回扣收入或交易手续费返还收入,应按照“其他所得”项目征收个人所得税,税款由证券公司在向股民支付回扣收入或交易手续费返还收入时代扣代缴。

◆ **个人为单位或他人提供担保取得所得的计税规定**

个人为单位或他人提供担保获得报酬,应按照个人所得税法规定的“其他所得”项目缴纳个人所得税,税款由支付所得的单位或个人代扣代缴。

实例详解

【例 3-26】 某集团公司为庆祝公司成立 10 周年,购买了 400 份总价值为 80 000 元的礼品,赠送给参加庆典活动的来宾。请问该集团公司应如何扣缴个人所得税?

【分析】 该集团为来宾购买的价值 80 000 元的礼品,应按其他所得代扣代缴个人所得税。

应纳税额=80 000×20%=16 000(元)

【例 3-27】 刘刚在某医药批发中心负责销售工作,因参加某药店开业庆典得到一台按摩椅,标价 2 100 元,应缴纳多少个人所得税?

【分析】 刘刚取得的这台按摩椅应以标价作为应纳税所得额,按“其他所得”项目计征个人所得税。

应纳税额=2 100×20%=420(元)

3.9 企事业单位承包经营、承租经营所得

要 点

本节主要介绍企事业单位承包承租经营所得的计税规定,内容包括:基本规定与应纳税额计算,承包、承租客运车辆(出租车)的计税规定以及医生承包、承租经营医疗机构取得所得的计税规定。

解 释

◆ 基本规定与应纳税额计算

1. 应纳税所得额

对企事业单位承包经营、承租经营所得是以每一纳税年度的收入总额,减除必要费用后的余额,即为应纳税所得额。其中,收入总额是指纳税人按照承包经营、承租经营合同规定分得的经营利润和工资、薪金性质的所得。个人的承包、承租经营所得,既有工资、薪金性质,又有生产、经营性质,但是考虑到个人按承包、承租经营合同规定分到的是经营利润,涉及的生产、经营成本费用已经扣除,所以,税法规定,"减除必要费用"是指按月减除3 500元,实际减除的是相当于个人的生计及其他费用。其计算公式如下:

应纳税所得额=个人承包、承租经营收入总额一每月3 500元

(1) 企业实行个人承包、承租经营后,如果工商登记仍为企业的,不管其分配方式如何,均应先按照企业所得税的有关规定缴纳企业所得税。承包经营、承租经营者按照承包、承租经营合同(协议)规定取得的所得,依照个人所得税法的有关规定缴纳个人所得税,具体为:

① 承包、承租人对企业经营成果不拥有所有权,仅是按合同(协议)规定取得一定所得的,其所得按工资、薪金所得项目征税,适用5%～45%的九级超额累进税率。

② 承包、承租人按合同(协议)的规定只向发包、出租方交纳一定费用后,企业经营成果归其所有的,承包、承租人取得的所得,按对企事业单位的承包经营、承租经营所得项目,适用5%～35%的五级超额累进税率征税。

(2) 企业实行个人承包、承租经营后,如工商登记改变为个体工商户的,应依照个体工商户的生产、经营所得项目计征个人所得税,不再征收企业所得税。

(3) 企业实行承包经营、承租经营后,不能提供完整、准确的纳税资料、正确计算应纳税所得额的,由主管税务机关核定其应纳税所得额,并依据《中华人民共和国税收征收管理法》的有关规定,自行确定征收方式。

2. 应纳税额的计算方法

对企事业单位承包经营、承租经营所得适用五级超额累进税率,以其应纳税所得额按适用税率计算应纳税额。其计算公式如下:

应纳税额＝应纳税所得额×适用税率－速算扣除数

◆ **承包、承租客运车辆（出租车）的计税规定**

（1）出租汽车经营单位对出租车司机采取单车承包或承租方式运营的，其实质是内部生产经营责任制，其出租车司机从事客货运营取得的收入，按工资、薪金性质的所得计算缴纳个人所得税。

（2）出租车属个人所有，车辆挂靠在出租汽车经营单位或企事业单位，或出租汽车经营单位将出租车所有权转移给出租车司机的，出租车司机从事客货运输取得的收入，比照个体工商户的生产、经营所得计算缴纳个人所得税。

（3）从事个体出租车运营的出租车司机取得的收入，按个体工商户的生产、经营所得计算缴纳个人所得税。

◆ **医生承包、承租经营医疗机构取得所得的计税规定**

医生或其他个人承包、承租经营医疗机构，经营成果归承包人所有的，承包人取得的所得，应按照“对企事业单位的承包经营、承租经营所得”应税项目计征个人所得税。

个人投资或个人合伙投资开设医院（诊所）而取得的收入，应依据《中华人民共和国个人所得税法》的规定，按照“个体工商户的生产、经营所得”应税项目计征个人所得税。

相关知识

◆ **异地从事建筑安装业工程作业的单位的计税规定**

异地从事建筑安装业工程作业的单位，应在工程作业所在地扣缴个人所得税。但所得在单位所在地分配的，并能向主管税务机关提供完整、准确的会计账簿和核算凭证的，经主管税务机关核准后，可回单位所在地扣缴个人所得税。

实例详解

【例 3-28】 假定王某在 2012 年承包皮件加工厂，每月取得工资 4 000 元，每月预缴个人所得税 15 元，当年 10 月、12 月两次分别取得承包收入 30 000 元、50 000 元，王某 2012 年应缴纳个人所得税？

【分析】

每月工资预缴税款＝(4 000－3 500)×3％＝15(元)

10 月份承包所得预缴税额＝(30 000＋4 000－3 500)×20%－3 750＝2 350(元)

12 月份承包所得预缴税额＝(50 000＋4 000－3 500)×20%－3 750＝6 350(元)

全年应纳税额＝(30 000＋50 000＋4 000×12－3 500×12)×30%－9 750＝16 050(元)

年终汇算清缴应补税额＝16 050－2 350－6 350－15×10＝7 200(元)

【例 3-29】 杨某承包经营某市一家饭店(某事业单位下属企业)，承包期为 3 年，每年从税后利润中上交承包费 500 000 元。该饭店本年度实现利润总额 886 000 元，企业所得税的应纳税所得额 1 247 400 元，企业所得税税率为 25%；杨某全年领取的工资性收入 15 950 元。

【分析】

(1) 该饭店应纳企业所得税额＝1 247 400×25%＝311 850(元)

(2) 该饭店实现的净利润＝886 000－311 850＝574 150(元)

(3) 杨某应纳税所得额＝574 150－500 000＋15 950－3 500×12＝48 100(元)

(4) 应纳个人所得税税额＝48 100×20%－3 750＝5 870(元)

3.10 个人独资、合伙企业个人投资者经营所得

要 点

本节主要介绍个人独资、合伙企业个人投资者经营所得的计税规定，内容包括：基本规定与应纳税额计算，核定征税与查账征税征收方式，实行核定征收企业投资者应纳税额的计税规定，实行查账征收企业投资者应纳税额的计税规定，合伙企业在年度中间增加或减少合伙人的计税规定，以及个人独资企业和合伙企业由实行查账征税方式改为核定征税方式的计税规定。

解 释

◆ **基本规定与应纳税额计算**

1. 个人独资企业和合伙企业的范围与纳税义务人

按照财税字[2000]91 号文件的规定，个人独资企业和合伙企业为：

（1）依照《中华人民共和国个人独资企业法》和《中华人民共和国合伙企业法》登记成立的个人独资企业、合伙企业；

（2）依照《中华人民共和国私营企业暂行条例》登记成立的独资、合伙性质的私营企业；

（3）依照《中华人民共和国律师法》登记成立的合伙制律师事务所；

（4）经政府有关部门依照法律法规批准成立的负无限责任和无限连带责任的其他个人独资、个人合伙性质的机构或组织。

个人独资企业以投资者为纳税义务人，合伙企业以每一个合伙人为纳税义务人。

2. 收入总额与应纳税所得额

（1）收入总额

收入总额是指企业从事生产经营以及与生产经营有关的活动所取得的各项收入，包括商品（产品）销售收入、营运收入、劳务服务收入、工程价款收入、财产出租或转让收入、利息收入、其他业务收入和营业外收入。

（2）应纳税所得额

① 个人独资企业的投资者以全部生产经营所得为应纳税所得额。

② 合伙企业的投资者按照合伙企业的全部生产经营所得和合伙协议约定的分配比例确定应纳税所得额，合伙协议没有约定分配比例的，以全部生产经营所得和合伙人数量平均计算每个投资者的应纳税所得额。

③ 生产经营所得包括企业分配给投资者个人的所得和企业当年留存的所得（利润）。

④ 清算所得应视为年度生产经营所得。

清算所得是指企业清算时的全部资产或者财产的公允价值扣除各项清算费用、损失、负债以及以前年度留存的利润后，超过实缴资本的部分。

◆ 核定征税与查账征税征收方式

个人独资企业和合伙企业投资者个人所得税有两种基本征收方式：核定征收与查账征收。

1. 核定征收

（1）核定征收的范围

纳税人具有下列情形之一的，核定征收企业所得税：

① 依照法律、行政法规的规定可以不设置账簿的；

② 依照法律、行政法规的规定应当设置但未设置账簿的；

③ 擅自销毁账簿或者拒不提供纳税资料的；

④ 虽设置账簿，但账目混乱或者成本资料、收入凭证、费用凭证残缺不全，难以查账的；

⑤ 发生纳税义务，未按照规定的期限办理纳税申报，经税务机关责令限期申报，逾期仍不申报的；

⑥ 申报的计税依据明显偏低，又无正当理由的。

特殊行业、特殊类型的纳税人和一定规模以上的纳税人不适用本办法。上述特定纳税人由国家税务总局另行明确。

(2) 核定征收方式

核定征收方式是对无法自行正确核算生产经营情况，不能正确履行申报纳税义务的纳税人实行的一种税款征收方式。包括定期定额方式、定率征收方式和以票控税方式。

① 定期定额是主管税务机关根据税法规定和纳税人具体情况，根据一定的纳税期间，核对征收固定税额的一种税款征收方式。

② 定率征收是主管税务机关根据税法规定和纳税人具体情况，核定征收率的一种税款征收方式。

③ 以票控税是根据纳税人在一定期间内实际使用发票的数额来核定其收入额，并以确定税率计算应纳税额的一种税款征收方式。

实行核定应税所得率征收方式的，应纳所得税额的计算公式如下：

应纳所得税额＝应纳税所得额×适用税率

应纳税所得额＝应税收入额×应税所得率

或应纳税所得额＝成本费用支出额÷(1－应税所得率)×应税所得率

各行业的应税所得率如表3-3所示。

表3-3 应税所得率表

行业	应税所得率(%)
农、林、牧、渔业	3～10
制造业	5～15
批发和零售贸易业	4～15
交通运输业	7～15
建筑业	8～20
饮食业	8～25
娱乐业	15～30
其他行业	10～30

企业经营多业的，无论其经营项目是否单独核算，均应根据其主营项目确定其适用的应税所得率。

2. 查账征收

查账征收是指纳税人在规定的纳税期限内根据自己的财务账簿记录或实际经营情况，向税务机关申报其收入额或所得额，经税务机关审核后，缴纳税款的征收方式，这种征收方式适用于财务核算制度比较健全，能够据实核算，反映自身经营情况的纳税人。

(1) 个人独资、合伙企业实行查账征收方式的，投资者生产经营所得比照“个体工商户生产经营所得”应税项目，计征个人所得税，适用5%～35%的五级超额累进税率。

(2) 投资者应纳税额的计算公式：

应纳税所得额＝(收入总额－成本、费用及损失)×分配比例

应纳税额＝应纳税所得额×税率－速算扣除数

(3) 个体工商户生产经营所得税率参见表1-10。

◆ 实行核定征收企业投资者应纳税额的计税规定

(1) 实行核定征收企业适用征收率，以每次累计收入额计税，不再按年换算。

(2) 经营多业的，以主营项目确定适用税率。

实行核定征收的企业经营多业的，无论其经营项目是否单独核算，均应根据其主营项目确定其适用的征收率。经营项目收入额占总收入1/3以上可视为主营项目。

(3) 先计税后分摊税款的计税原则

实行核定征收的合伙企业，其投资者应纳税额的计算办法以该企业取得的经营(销售)收入，据此确定适用征收率，计算应纳税款后，再按各投资者分配比例分摊税款，合伙协议没有约定分配比例的，按合伙人数量分摊税款，分别申报纳税。

(4) 凡实行核定征收的企业，年度终了时不再汇算。

(5) 投资者应纳税额的计算公式：

投资者应纳税额＝经营(销售)收入×适用征收率×分配比例－已缴税款

个人独资、合伙企业个人所得税征收税率表，如表3-4所示。

表 3-4 个人独资、合伙企业个人所得税征收率表

行业代码	档次/行业	一档		两档		三档	
		经营(销售)收入(万元)	征收率(%)	经营(销售)收入(万元)	征收率(%)	经营(销售)收入(万元)	征收率(%)
01	娱乐业	0～10(含)	5	0～40(含)	8	40 以上	10
02	饮食服务业	0～30(含)	2	30～90(含)	3	90 以上	4
03	工业、交通运输业	0～40(含)	1.5	40～120(含)	2	120 以上	2.5
04	商业企业	0～50(含)	0.5	50 以上	1	—	—
05	建筑安装也	0～60(含)	1	60～200(含)	1.5	200 以上	2
06	修理修配企业	0～30(含)	0.5	30～120(含)	2.5	120 以上	3
07	其他行业	0～60(含)	1	60～200(含)	1.5	200 以上	2
08	律师、会计师、审计事务所	经营(销售)收入不再分档,适用征收率统一为 5%					

◆ 实行查账征收企业投资者应纳税额的计税规定

1. 税前扣除的计税规定

扣除项目比照《个体工商户个人所得税计税办法(试行)》(国税发[1997]43 号)的规定确定,但下列项目的扣除依照以下规定执行。

(1) 从 2011 年 9 月 1 日起,投资者费用扣除标准每月为 3 500 元。投资者的工资不得在税前扣除。

投资者兴办两个或两个以上企业的,其费用扣除标准由投资者选择在其中一个企业的生产经营所得中扣除。即:投资者的工资、薪金收入不再按照工资、薪金的规定单独征税,而是将其并入生产、经营所得一并计算,但是可按照工资、薪金征税的规定计算扣除相应的费用。

(2) 投资者及其家庭发生的生活费用不允许在税前扣除。投资者及其家庭发生的生活费用与企业生产经营费用混合在一起,并且难以划分的,全部视为投资者个人及其家庭发生的生活费用,不允许在税前扣除。

(3) 企业生产经营和投资者及其家庭生活共用的固定资产,难以划分的,由主管税务机关根据企业的生产经营类型、规模等具体情况,核定准予在税前扣除的折旧费用的数额或比例。

(4) 个人独资企业和合伙企业向其从业人员实际支付的合理的工资、薪金支出,允许在税前据实扣除。

(5) 个人独资企业和合伙企业拨缴的工会经费、发生的职工福利费、

职工教育经费支出分别在工资、薪金总额2%、14%、2.5%的标准内据实扣除。

(6) 个人独资企业和合伙企业每一纳税年度发生的广告费和业务宣传费用不超过当年销售(营业)收入15%的部分,可据实扣除;超过部分,准予在以后纳税年度结转扣除。

(7) 个人独资企业和合伙企业每一纳税年度发生的与其生产经营业务直接相关的业务招待费支出,按照发生额的60%扣除,但最高不得超过当年销售(营业)收入的5‰。

(8) 计提的各种准备金不得扣除。

2. 弥补亏损的计税规定

(1) 企业的年度亏损,允许用本企业下一年度的生产经营所得弥补,下一年度所得不足弥补的,允许逐年延续弥补,但是最长不得超过5年。

(2) 投资者兴办两个或两个以上企业的,企业的年度经营亏损不能跨企业弥补。

(3) 实行查账征税方式的个人独资企业和合伙企业改为核定征税方式后,在查账征税方式下认定的年度经营亏损未弥补完的部分,不得再继续弥补。

◆ 合伙企业在年度中间增加或减少合伙人的计税规定

(1) 合伙企业合伙人在年度中间发生入伙、退伙变化的,应按规定及时到主管税务机关办理变更税务登记手续,并向主管税务机关报送新的合伙协议。

(2) 合伙企业在年度中间增加或减少合伙人,税务机关应将企业年度经调整的计税利润额,按12个月均摊,以合伙人发生变更的时间为准,根据新旧合伙协议确定的分配比例或出资比例,计算每一个合伙人应分得的利润,据以计算每个合伙人的应纳税额;合伙协议没有确定分配比例和出资比例的,税务机关可根据合伙人变更前后的人数,平均分配每个合伙人应得的利润,据以计算每个合伙人的应纳税额。

(3) 计算公式:

投资者应分利润=(企业年度计税利润÷实际经营月份)×(合伙人变化前其经营月份×分配比例+合伙人变化后其经营月份×分配比例)

◆ 个人独资企业和合伙企业由实行查账征税方式改为核定征税方式的计税规定

实行查账征税方式的个人独资企业和合伙企业改为核定征税方式

后，在查账征税方式下认定的年度经营亏损未弥补完的部分，不得再继续弥补。

(1) 投资者兴办两个或两个以上企业，凡实行查账征收的，年度终了时，应汇总从所有企业取得的应纳税所得额(如汇总的企业中有亏损企业，其应纳所得额视为0)，据此确定适用税率，计算应纳税款，再按各企业所得的所占比例分摊税款，分别申报纳税。

应纳税所得额＝投资者从各个企业分得的经营所得之和

应纳税额＝应纳税所得额×税率－速算扣除数

投资者在本企业的应纳税额＝应纳税额×投资者在本企业经营所得÷投资者从各个企业分得的经营所得之和

投资者在本企业应补缴的税额＝投资者在本企业应纳税额－投资者在本企业预缴的税额

(2) 投资者兴办两个或两个以上企业，其中既有实行查账征收的，又有核定征收的，只对实行查账征收的企业进行汇总。个人投资两个或两个以上独资、合伙企业的，投资者个人应分别向企业实际经营管理所在地税务部分预缴个人所得税，年度终了后办理汇算清缴。主要有以下两种情况。

① 投资者兴办两个或两个以上企业，并且企业性质全部是独资的，年度终了后汇算清缴时，应纳税款的具体计算方法为：汇总其投资兴办的所有企业的经营所得作为应纳税所得额，以此确定适用税率，计算出全年经营所得的应纳税额，再根据每个企业的经营所得占所有企业经营所得的比例，分别计算出每个企业的应纳税额和应补缴税额。计算公式如下：

应纳税所得额＝$\sum$各个企业的经营所得

应纳税额＝应纳税所得额×税率－速算扣除数

本企业应纳税额＝应纳税额×本企业的经营所得÷$\sum$各个企业的经营所得

本企业应补缴的税额＝本企业应纳税额－本企业预缴的税额

② 投资者兴办企业中有合伙企业的，将投资者在合伙企业中应分配的应纳所得额与其投资于独资企业的应纳税所得额合并，确定应纳个人所得税税额。投资者应向经常居住地税务部门申报纳税，办理汇算清缴；对于经常居住地与其兴办企业的经营管理所在地不一致的，应选定其参与兴办的某一合伙企业经营管理所在地办理汇算清缴，并且在5年内不得变更。

相关知识

◆ **有关个人独资、合伙企业其他需要注意的事项**

（1）企业与其关联企业之间的业务往来，应当按照独立企业之间的业务往来收取或者支付价款、费用。不按照独立企业之间的业务往来收取或者支付价款、费用，而减少其应纳税所得额的，税务机关有权进行合理调整。

（2）个人独资企业和合伙企业对外投资分回的利息或者股息、红利，不并入企业的收入，而应单独作为投资者个人取得的利息、股息、红利所得，按“利息、股息、红利所得”应税项目计算缴纳个人所得税。

（3）投资者来源于中国境外的生产经营所得，已在境外缴纳所得税的，可以按照个人所得税法的有关规定计算扣除已在境外缴纳的所得税。

（4）合伙企业合伙人在年度中间发生入伙退伙变化的，应按规定及时到主管税务机关办理变更税务登记，并向主管税务机关报送新的合伙协议。

（5）实行查账征税方式的个人独资企业和合伙企业改为核定征税方式后，在查账征税方式下认定的年度经营亏损未弥补完的部分，不得再继续弥补。

（6）无论是查账征收，还是核定征收的个人独资合伙企业，只就代扣代缴从业人员个人所得税额的2%申请退手续费，投资者缴纳的个人所得税不计入本企业退手续费的基数。

3.11 个体工商户生产、经营所得

要 点

本节主要介绍个体工商户生产、经营所得应纳税额的计税规定，内容包括：基本规定与应纳税额计算，个体工商户与企业联营所得应纳税额的计税规定，个人从事彩票代销业务所得的计税规定，个人从事医疗服务活动所得的计税规定，从事建筑安装业的个体工商户计税规定以及个体工商户的生产、经营所得的资产税务处理。

解 释

◆ **基本规定与应纳税额计算**

1. 应纳税所得额

个体工商户的生产、经营所得，以每一纳税年度的收入总额，减除成

本、费用以及损失后的余额，为应纳税所得额。其计算公式如下：

应纳税所得额＝收入总额－(成本＋费用＋损失＋准予扣除的税金)

从事生产、经营的纳税义务人未提供完整、准确的纳税资料，不能正确计算应纳税所得额的，由主管税务机关核定其应纳税所得额。

(1) 收入总额

个体工商户的收入总额是指个体工商户从事生产、经营以及与生产、经营有关的活动所取得的各项收入，包括商品(产品)销售收入、营运收入、劳务服务收入、工程价款收入、财产出租或转让收入、利息收入、其他收入和营业外收入。

以上各项收入应当按照权责发生制原则确定。

(2) 准予扣除的项目

在计算应纳税所得额时，准予从收入总额中扣除的项目包括成本、费用、损失和准予扣除的税金。

① 成本、费用是指个体工商户从事生产、经营所发生的各项直接支出和分配计入成本的间接费用以及销售费用、管理费用和财务费用。

“直接支出和分配计入成本的间接费用”是指个体工商户在生产、经营过程中实际消耗的各种原材料、辅助材料、备品配件、外购半成品、燃料、动力及包装物等直接材料和发生的商品进价成本、运输费、装卸费、包装费、折旧费、修理费、水电费、差旅费、租赁费(不包括融资租赁费)及低值易耗品等，还有支付给生产经营从业人员的工资。对个体工商户业主的工资费用，从 2011 年 9 月 1 日起扣除标准为每月 3 500 元，全年为 42 000 元。

销售费用是指个体工商户在销售产品、自制半成品和提供劳务过程中发生的各项费用，包括运输费、装卸费、包装费、委托代销手续费、广告费、展览费、销售服务费，以及其他销售费用。

管理费用是指个体工商户为管理和组织生产经营活动而发生的各项费用，包括劳动保险费、咨询费、诉讼费、审计费、土地使用费、低值易耗品摊销、开办费摊销、无法收回的账款(坏账损失)、业务招待费，以及其他管理费用。

财务费用是指个体工商户为筹集生产经营资金而发生的各项费用，包括利息净支出、汇兑净损失、金融机构手续费，以及筹资中的其他财务费用。

② 损失是指个体工商户在生产、经营过程中发生的各项营业外支出，包括固定资产盘亏、报废、毁损和出售的净损失、自然灾害或意外事故

损失、公益救济性捐赠、赔偿金及违约金等。

③ 税金是指个体工商户按规定缴纳的消费税、营业税、城市维护建设税、资源税、土地使用税、土地增值税、房产税、车船税、印花税、耕地占用税以及教育费附加。

(3) 准予在所得税前列支的其他项目以及列支标准

① 个体工商户在生产经营中的借款利息支出,未超过中国人民银行规定的同类、同期贷款利率计算的数额部分,准予扣除。

② 个体工商户发生的与生产经营有关的财产保险、运输保险以及从业人员的养老、医疗保险及其他保险费用支出,按国家规定的标准计算扣除。

③ 个体工商户发生的与生产经营有关的修理费用,可以据实扣除。修理费用发生不均衡或数额较大的,应分期扣除。

④ 个体工商户按规定缴纳的工商管理费、个体劳动者协会会费、摊位费,按实际发生数扣除。缴纳的其他规费,其扣除项目和扣除标准,由省、自治区、直辖市地方税务局根据当地实际情况确定。

⑤ 个体工商户在生产经营中租入固定资产而支付的费用,其扣除分以下两种情况处理:以融资租赁方式(即出租人和承租人事先约定,在承租人付清最后一笔租金后,该固定资产即归承租人所有)租入固定资产而发生的租赁费,应计入固定资产价值,不得直接扣除;若是以经营租赁方式(即因生产经营需要临时租入固定资产,租赁期满后,该固定资产应归还出租人)租入固定资产的租赁费,可以据实扣除。

⑥ 个体工商户研究开发新产品、新技术和新工艺所发生的开发费用,以及研究开发新产品、新技术和新工艺而购置的单台价值在 5 万元以下的测试仪器和试验性装置的购置费,准予扣除。超出上述标准和范围的,按固定资产管理,不得在当期扣除。

⑦ 个体工商户在生产经营过程中发生的固定资产和流动资产盘亏,即毁损净损失,由个体工商户提供清查盘存资料,经主管税务机关审核后,可以在当期扣除。

⑧ 个体工商户在生产经营过程中发生的以外币结算的往来款项增减变动时,由于汇率变动而发生的人民币的差额,作为汇兑损益,计入当期所得或在当期扣除。

⑨ 个体工商户发生的与生产经营有关的无法收回的账款,包括因债务人破产或死亡,以其破产财产或者遗产清偿后,仍然不能收回的应收账款,或者因债务人逾期未履行还债义务超过 3 年仍然不能收回的应收账

款，应由其提供有效证明，报经主管税务机关审核后，按实际发生数扣除。

⑩ 个体工商户向其从业人员实际支付的合理的工资、薪金支出，允许在税前据实扣除。

⑪ 个体工商户拨缴的工会经费、发生的职工福利费、职工教育经费支出分别在工资、薪金总额2%、14%、2.5%的标准内据实扣除。

⑫ 个体工商户每一纳税年度发生的广告费和业务宣传费用不超过当年销售(营业)收入15%的部分，可据实扣除；超过部分，准予在以后纳税年度结转扣除。

⑬ 个体工商户每一纳税年度发生的与其生产经营业务直接相关的业务招待费支出，按照发生额的60%扣除，但是最高不得超过当年销售(营业)收入的5‰。

⑭ 个体工商户将其所得通过中国境内的社会团体、国家机关向教育和其他社会公益事业以及遭受严重自然灾害地区、贫困地区的捐赠，捐赠额不超过其应纳税所得额30%的部分可以据实扣除。纳税人直接给受益人的捐赠不得扣除。

⑮ 个体工商户在生产经营过程中发生的与家庭生活混用的费用，由主管税务机关核定分摊比例，据此计算确定的属于生产经营过程中发生的费用，准予扣除。

⑯ 个体工商户的年度经营亏损，经申报主管税务机关审核后，允许用下一年度的经营所得弥补。下一年度所得不足弥补的，允许逐年延续弥补，但是最长不得超过5年。

⑰ 个体工商户购入低值易耗品的支出，原则上一次摊销，但是一次性购入价值较大的，应分期摊销。分期摊销的价值标准和期限由各省、自治区、直辖市地方税务局确定。

(4) 不得在所得税前列支的项目

① 资本性支出，包括为购置和建造固定资产、无形资产以及其他资产的支出，对外投资的支出。

② 被没收的财物、支付的罚款。

③ 缴纳的个人所得税、税收滞纳金、罚金和罚款。

④ 各种赞助支出。

⑤ 自然灾害或者意外事故损失有赔偿的部分。

⑥ 分配给投资者的股利。

⑦ 用于个人和家庭的支出。

⑧ 个体工商户业主的工资支出。

⑨ 国家税务总局规定不准扣除的其他支出。

⑩ 在资产尚未交付使用之前发生的用于与取得固定资产有关的利息支出，应计入购建资产的价值，不得作为费用扣除。

2. 应纳税额的计算方法

个体工商户的生产、经营所得适用五级超额累进税率，以其应纳税所得额按适用税率计算应纳税额。其计算公式如下：

应纳税额＝应纳税所得额×适用税率－速算扣除数

由于个体工商户生产、经营所得的应纳税额实行按年计算、分月或分季预缴、年终汇算清缴、多退少补的方法，所以，在实际工作中，需要分别计算按月预缴税额和年终汇算清缴税额。其计算公式如下：

本月应预缴税额＝本月累计应纳税所得额×适用税率－速算扣除数－上月累计已预缴税额

上式中，适用税率是指与计算应纳税额的月份累计应纳税所得对应的税率，该税率可以从五级超额累进所得税税率表（年换算月）中查找确定。

全年应纳税额＝全年应纳税所得额×适用税率－速算扣除数

汇算清缴税额＝全年应纳税额－全年累计已预缴税额

◆ 个体工商户与企业联营所得应纳税额的计税规定

个体工商户与企业联营而分得的利润，按利息、股息、红利所得项目征收个人所得税。个体工商户和从事生产、经营的个人，取得与生产、经营活动无关的各项应税所得，应按规定分别计算征收个人所得税。

◆ 个人从事彩票代销业务所得的计税规定

个人从事彩票代销业务而取得所得，应按照个体工商户的生产、经营所得计算缴纳个人所得税。

◆ 个人从事医疗服务活动所得的计税规定

（1）个人经政府有关部门批准，取得执照，以门诊部、诊所、卫生所（室）、卫生院、医院等医疗机构形式从事疾病诊断、治疗及售药等服务活动，应当以该医疗机构取得的所得，作为个人的应纳税所得，按照“个体工商户的生产、经营所得”应税项目缴纳个人所得税。

（2）个人未经政府有关部门批准，自行连续从事医疗服务活动，不管是否有经营场所，其取得与医疗服务活动相关的所得，也应按照“个体工商户的生产、经营所得”应税项目缴纳个人所得税。

各省、自治区、直辖市地方税务局可以根据本地实际情况，确定个体工商户业主的费用扣除标准。自2011年9月1日起，对个体工商户业主的费用扣除标准统一确定为42 000元/年(3 500元/月)。

◆ **从事建筑安装业的个体工商户计税规定**

从事建筑安装业的个体工商户和未领取营业执照承揽建筑安装工程作业的建筑安装工人和个人，以及建筑安装业实行个人承包后工商登记改变为个体经济性质的，其从建筑安装业取得的收入，应按照个体工商户的生产、经营所得项目计征个人所得税。

◆ **个体工商户的生产、经营所得的资产税务处理**

1. 固定资产的税务处理

个体工商户的固定资产是指在生产经营中使用的、期限超过1年且单位价值在1 000元以上的房屋、建筑物、机器、设备、运输工具以及其他与生产经营有关的设备、工器具等。

(1) 固定资产计税基础

固定资产按以下方式计价：

① 购入的，按实际支付的买价、包装费、运杂费和安装费等计价；

② 自行建造的，按建造过程中实际发生的全部支出计价；

③ 实物投资的，按评估确认或者合同、协议约定的价值计价；

④ 在原有固定资产基础上进行改扩建的，按账面原价减去改建工程中发生的变价收入，然后加上改扩建增加的支出计价；

⑤ 盘盈的，按同类固定资产的重估完全价值计价；

⑥ 融资租入的，按照租赁协议或者合同确定的租赁费加运输费、保险费、安装调试费等计价。

(2) 固定资产折旧

① 允许计提折旧的固定资产，包括房屋和建筑物，在用机械设备、仪器仪表，各种工器具，季节性停用和修理停用的设备，以及以经营方式租出和以融资租赁方式租入的固定资产。

② 不允许计提折旧的固定资产，包括房屋、建筑物以外的未使用、不需用的固定资产，以经营方式租入的固定资产，已提足折旧继续使用的固定资产。

③ 预计净残值

固定资产在计算折旧前，应当估计残值，从固定资产原价中减除。残值按固定资产原价的5%确定。

④ 折旧年限

个体工商户按规定计提的固定资产折旧允许扣除。固定资产折旧年限在不短于以下规定年限内，可根据不同情况，经主管税务机关审核后执行：房屋、建筑物为20年，轮船、机器、机械和其他生产设备为10年，电子设备和轮船以外的运输工具，以及与生产经营有关的器具、工具、家具等为5年。

固定资产由于特殊原因需要缩短折旧年限的，如受酸、碱等强烈腐蚀的机器设备和简易设备或常年处于震撼、颤动状态的房屋和建筑物，以及技术更新变化快等原因，可由个体工商户提出申请，报省级税务机关审核批准后执行。

⑤ 固定资产的折旧方法

固定资产折旧按平均年限法和工作计量法计算提取。

按平均年限法计算折旧的公式如下：

固定资产的年折旧率=[1－5%(残值率)]÷折旧年限×100%

月折旧率=年折旧率÷12

月折旧额=固定资产原价×月折旧率

按工作量法计算折旧的公式如下：

单位里程(每工作小时)折旧额=(原值－残值)÷总行驶里程(总工作小时)

2. 无形资产的税务处理

无形资产是指在生产经营过程中长期使用但是没有实物形态的资产，包括专利权、非专利技术、商标权、商誉、著作权和场地使用权等。

(1) 无形资产的计价

无形资产的计价应当按照取得的实际成本为准。具体如下：作为投资的无形资产，以协议、合同规定的合理价格为原价；购入的无形资产，按实际支付的价款为原价；接受捐赠的无形资产，按所附单据或参照同类无形资产市场价格确定原价；非专利技术和商誉的计价，应经法定评估机构评估后确认。

(2) 无形资产的摊销

无形资产从开始使用之日起，在有效使用期内分期均额扣除。作为投资或受让的无形资产，在法律、合同或协议中规定了使用年限的，可按该使用年限分期扣除；没有规定使用年限或是自行开发的无形资产，扣除期限不得少于10年。

3. 存货的税务处理

个体工商户在生产经营过程中为销售或者耗用而储备的物资为存

货，包括各种原材料、辅助材料、燃料、低值易耗品、包装物、在产品、外购商品、自制半成品、产成品等。存货应按实际成本计价。领用或发出存货的核算，原则上采用加权平均法。

4. 购置税控收款机的支出

自2004年12月1日起，税控收款机达到固定资产标准的，应按固定资产管理，其按规定提取的折旧额可在企业计算缴纳所得税前扣除；达不到固定资产标准的，购置费用可在所得税前一次性扣除。

实例详解

【例3-30】 某市大华酒家是个体经营户，账证比较健全，假定2012年12月的营业额为126 000元，购进菜、肉、蛋、面粉、大米等原料费为64 000元，缴纳电费、水费、房租、煤气费等为16 000元，缴纳其他税费合计为6 600元。当月支付给4名雇员工资共6 000元，业主个人费用扣除2 000元。1～11月累计应纳税所得额为56 000元，1～11月累计已预缴个人所得税为15 380元。计算该个体业户12月份应缴纳的个人所得税。

【分析】

(1) 12月份应纳税所得额＝126 000－64 000－16 000－6 600－6 000－3 500＝29 900(元)

(2) 全年累计应纳税所得额＝56 000＋29 900＝85 900(元)

(3) 12月份应缴纳个人所得税＝85 900×30%－9 750－15 380＝640(元)

实战训练

一、单项选择题

1. 以下属于工资、薪金所得的项目有(　　)。

A. 托儿补助费　　B. 劳动分红

C. 投资分红　　D. 独生子女补贴

2. 个人参加笔会现场作画取得的作画所得属于(　　)。

A. 工资、薪金所得　　B. 稿酬所得

C. 劳动报酬所得　　D. 个体户经营所得

3. 以下不属于特许权使用费所得的项目是(　　)。

A. 转让技术诀窍　　B. 转让技术秘密

C. 转让专利权　　D. 转让土地使用权

4. 某作家指控其杂志社侵犯其著作权，法院裁定作家胜诉，该作家取得杂志社的经济赔偿款 30 000 元，该赔偿收入应缴纳个人所得税额(　　)元。

A. 0　　B. 3 360

C. 4 800　　D. 5 200

二、多项选择题

1. 下列属于应计个人所得税的工资、薪金所得的包括(　　)。

A. 年终加薪　　B. 一般性奖金

C. 职务工资　　D. 饭费补贴

2. 下列属于劳务报酬所得的有(　　)。

A. 笔译翻译收入　　B. 审稿收入

C. 现场书画收入　　D. 雕刻收入

3. 下列项目中计征个人所得税时，允许从收入中减除费用 800 元的有(　　)。

A. 稿费 3 500 元

B. 在有奖销售中一次性获奖 2 000 元

C. 转让房屋收入 100 000 元

D. 提供咨询服务一次取得收入 3 000 元

4. 计算个人转让住房应缴纳个人所得税时允许扣除的合理费用指(　　)。

A. 住房装修费用　　B. 住房贷款利息

C. 手续费　　D. 公证费

5. 可采取按年计算、分月预缴方式计征工资、薪金个人所得税的有(　　)。

A. 采掘业　　B. 远洋运输业

C. 海上石油作业　　D. 海洋捕营业

三、判断题

1. 在校学生参与勤工俭学活动，包括参与学校组织的勤工俭学活动而取得属于个人所得税法规定的应税项目的所得，应依法缴纳个人所得税。(　　)

2. 个人为单位或他人提供担保获得报酬，应按照个人所得税法规定的“劳务报酬”项目缴纳个人所得税，税款由支付所得的单位或个人代扣代缴。(　　)

3. 部分单位和部门在年终总结、各种庆典、业务往来及其他活动中，为其他单位和部门的有关人员发放现金、实物或有价证券，应按“其他所

得”项目计算缴纳个人所得税，税款由支付所得的单位代扣代缴。（ ）

4. 律师从接受法律事务服务的当事人处取得的法律顾问费或其他酬金，均按“工资、薪金所得”应税项目征收个人所得税。（ ）

5. 个人因在各行各业作出突出贡献而从省级以下人民政府及其所属部门取得的一次性奖励收入，无论奖金来源于何处，均不属于税法所规定的免税范畴，应按“偶然所得”项目征收个人所得税。（ ）

四、计算题

1. 假设范某2012年承包某商店，承包期限1年，取得承包经营所得48 000元。此外，范某还按月从商店领取工资，每月2 400元。计算范某全年应缴纳的个人所得税。

2. 假设某人于2012年3月1日起，承包某单位门市部，经营期限10个月。取得经营收入总额160 000元，准许扣除的与经营收入相关的支出总额106 000元。计算该个人承包经营所得应缴纳的个人所得税。

3. 李某于2011年10月外出参加营业性演出，一次取得劳务报酬61 250元。计算其应缴纳的个人所得税(不考虑其他税费)。

4. 假设某歌唱演员在2012年3月份分别取得主办单位甲支付的演出费21 000元，主办单位乙支付的演出费32 000元，当月又应邀到丙单位讲课取得劳务报酬73 000元。问：该演员应缴纳3月份劳务报酬所得个人所得税多少?

5. 假设某工程师2012年3月因其编著的教材出版，获得稿酬9 000元，2012年9月因教材加印又得到稿酬5 000元。计算该工程师稿酬应缴纳的个人所得税。

6. 北京市某出版社编辑丁先生，2011年9月取得工资2 800元，各项津贴、补贴和奖金4 800元，当月取得编辑费12 000元，该出版社应如何扣缴丁先生的个人所得税?（单位已按规定缴付基本养老保险费、失业保险费、医疗保险费和住房公积金）

第4章

个人所得税的税收优惠

税收优惠是我国政府对某些特定人或者纳税人的某些特定行为采取的优惠措施，旨在引导、鼓励某些行为，同时也照顾部分群体以及促进国际关系协调发展，以实现真正意义上的法律的公平。个人所得税的税收优惠规定主要来自《中华人民共和国个人所得税法》及其实施条例，以及在贯彻实施《中华人民共和国个人所得税法》的过程中，财政部、国家税务总局以及省级地方政府、税务机关颁布的若干政策法规。此外，还有来自我国与其他国家和地区签定的税收协定和国际条约等。

4.1 免征个人所得税的优惠

要 点

本节主要介绍工资、薪金所得的免税规定，补贴、津贴所得的免税规定，奖励所得的免税规定，下岗失业人员再就业税收限额优惠规定，股票、股息、利息及红利所得的免税规定，偶然所得的免税规定，以及军队转业干部城镇退役士兵自主择业及其他税收优惠规定。

解 释

◆ 工资、薪金所得的免税规定

（1）退休工资、离休工资、离休生活补助费，免征个人所得税。

（2）高级专家延长离、退休年龄的工资、薪金所得。

对达到离休、退休年龄，但因工作需要，适当延长离休、退休年龄的高级专家（指享受国家发放的政府特殊津贴的专家、学者），其在延长离休、退休期间的工资、薪金所得，视同退休工资、离休工资，免征个人所得税。

（3）香港特别行政区政府供给的工资、薪金。

香港特别行政区派来香港驻京办工作的人员领取的，由特别行政区政府供给的工资、薪金及其他类似报酬，免予征税。

(4) 按规定缴付的“三费一金”的免税规定。

按照国家规定，单位为个人缴付和个人缴付的基本养老保险费、基本医疗保险费、失业保险费、住房公积金，从纳税义务人的应纳税所得额中扣除。

① 企事业单位按照国家或省(自治区、直辖市)人民政府规定的缴费比例或办法实际缴付的基本养老保险费、基本医疗保险费和失业保险费，免征个人所得税；个人按照国家或省(自治区、直辖市)人民政府规定的缴费比例或办法实际缴付的基本养老保险费、基本医疗保险费和失业保险费，允许在个人应纳税所得额中扣除。

② 根据《住房公积金管理条例》、《建设部、财政部、中国人民银行关于住房公积金管理若干具体问题的指导意见》(建金管[2005]5 号)等规定精神，单位和个人分别在不超过职工本人上一年度月平均工资 12%的幅度内，其实际缴存的住房公积金，允许在个人应纳税所得额中扣除。单位和职工个人缴存住房公积金的月平均工资不得超过职工工作地所在设区城市上一年度职工月平均工资的 3 倍，具体标准按照各地有关规定执行。

③ 个人实际领(支)取原提存的基本养老保险金、基本医疗保险金、失业保险金和住房公积金时，免征个人所得税。

(5) 社保费在补偿收入中允许扣除的规定

个人领取一次性补偿收入时，按照国家和地方政府规定的比例实际缴纳的住房公积金、医疗保险费、基本养老保险费、失业保险费可以在计征一次性补偿收入的个人所得税时予以扣除。

◆ 补贴、津贴所得的免税规定

1. 按照国家统一规定发给的补贴、津贴

(1) 税法第四条第三项所说的按照国家统一规定发给的补贴、津贴，是指按照国务院规定发给的政府特殊津贴、院士津贴、资深院士津贴，以及国务院规定免纳个人所得税的其他补贴、津贴。

(2) 对发给中国科学院资深院士和中国工程院资深院士，每人每年 1 万元的资深院士津贴，免予征收个人所得税。

(3) 福利费、抚恤金、救济金与生活困难补助费的有关规定如下。

① 福利费是指根据国家有关规定，从企业、事业单位、国家机关、社会团体提留的福利费或者工会经费中支付给个人的生活补助费。

② 生活补助费是指由于某些特定事件或原因而给纳税人本人或其家庭的正常生活造成一定困难，其任职单位按国家规定从提留的福利费

或者工会经费中向其支付的临时性生活困难补助。

③ 抚恤金是指军人、国家机关工作人员及其他单位性质的职工因病、因公、因战负伤或死亡由国家或本单位按规定发给的一次性或定期的抚慰性的经济补偿。

④ 救济金是指国家民政部门支付给个人的生活困难补助费。

(4) 个人获得的保险赔款也享受免税。

(5) 对军人的转业费、复员费按照国家统一规定发给干部、职工的安家费、退职费,免征个人所得税。

退职费是指个人因疾病或因公致残,丧失劳动能力,离开工作岗位,单位按月发给原本人工资收入的40%的部分,免征个人所得税。

(6) 按照国家规定发放的差旅费补贴。

按照国家规定发放的差旅费津贴一般地区20元/天,特殊地区30元/天。允许在税前扣除。特殊地区是:深圳、珠海、汕头、海南。

(7) 军队(武警部队)干部工资、薪金收入中的津贴、补贴,免予征税的项目:

① 政府特殊津贴;

② 福利补助(指生活困难补助);

③ 夫妻分居补助费;

④ 随军家属无工作生活困难补助;

⑤ 独生子女保健费;

⑥ 子女保教补助费;

⑦ 机关在职军以上干部公勤费(保姆费);

⑧ 军粮差价补贴。

对以下五项补贴、津贴暂不征税:

① 军人职业津贴;

② 军队设立的艰苦地区补助;

③ 专业性补助;

④ 基层军官岗位津贴(营连排长岗位津贴);

⑤ 伙食补贴。

(8) 从西藏取得的下列所得,免征个人所得税。

① 20世纪末之前,农牧民在农牧区从事生产、经营活动的所得;

② 艰苦边远地区津贴;

③ 经国家批准或者同意,由自治区人民政府或者有关部门发给在藏

长期工作的人员和大中专毕业生的浮动工资，增发的工龄工资，离退休人员的安家费和建房补贴费。

(9) 对个人取得的无偿献血补助视同一次性生活困难补助免予征税。

(10) 对亚洲开发银行工作人员取得薪金和津贴的免税规定。

“对亚行付给董事、副董事、官员和雇员(包括为亚行执行任务的专家)的薪金和津贴不得征税。除非成员在递交批准书或接受书时，声明对亚行向其本国公民或国民支付的薪金和津贴该成员及其行政部门保留征税的权力。”鉴于我国在加入亚洲开发银行时，未作相关声明，因此，对由亚洲开发银行支付给我国公民或国民(包括为亚行执行任务的专家)的薪金和津贴，凡经亚洲开发银行确认这些人员为亚洲开发银行雇员或执行项目专家的，其取得的符合我国税法规定的有关薪金和津贴等报酬，应依《建立亚洲开发银行协定》的约定，免征个人所得税。

(11) 个人由于禽类扑杀所取得的财政专项补助的免税规定。

对企业或个人由于禽类扑杀所取得的财政专项补助，免征企业所得税或个人所得税；对上述企业由于禽类扑杀所造成的净损失，允许其在所得税前全额列支。

(12) 对个人按《廉租住房保障法》(建设部等 9 部委令第 162 号)规定取得的廉租住房货币补贴，免征个人所得税。

2. 税前扣除项目

(1) 下列不属于工资、薪金性质的补贴、津贴或者不属于纳税人本人工资、薪金所得项目的收入，不征税：

① 独生子女补贴；

② 执行公务员工资制度未纳入基本工资总额的补贴、津贴差额和家属成员的副食品补贴；

③ 托儿补助费；

④ 差旅费津贴、误餐补助。

不征税的误餐费，是指按财政部门规定，个人因公在城区、郊区工作，不能在工作单位或返回就餐，确实需要在外就餐的，根据实际误餐顿数，按规定的标准领取的误餐费。

一些单位以误餐补助名义发给职工的补贴、津贴，应当并入当月工资、薪金所得计征个人所得税。

(2) 对按国家规定发给的老干部保姆费(护理费)，在计税时允许扣除。

◆ 奖励所得的免税规定

省级人民政府、国务院部委和中国人民解放军军以上单位，以及外国组织、国际组织颁发的科学、教育、技术、文化、卫生、体育、环境保护等方面的奖金，免征个人所得税。

1. 省、国务院部委颁布的奖金

(1) 对个人获得“曾宪梓教育基金会教师奖”的奖金，可视为国务院部委颁发的教育方面的奖金，免予征收个人所得税。

(2) 对特聘教授获得“长江学者成就奖”的奖金，可视为国务院部委颁发的教育方面的奖金，免征个人所得税。

(3) 对教育部颁发的“特聘教授奖金”，免征个人所得税。

(4) 赴西部地区任课教师奖金的免税规定。

“西部地区十四所重点建设高校重点课程教师岗位计划”任课教师奖金免征个人所得税。教育部将香港李嘉诚基金会赠款作为奖金，分 2002 年度和 2003 年度颁发给赴西部地区高校教学的任课老师，每人金额为 1.5 万元至 5 万元。

(5) 对参赛运动员因奥运会比赛获得的奖金和其他奖赏收入按现行税收法律规定的有关规定征免应缴纳的个人所得税。

(6) “母亲河(波司登)奖”是经共青团中央、全国人民代表大会环资委、国家环保总局等九部门联合批准设立的环境保护方面的奖项。该奖项可以认定为国务院部委颁发的环境保护方面的奖金。个人取得上述奖金收入，免予征收个人所得税。

(7) 对荷兰援助项目荷兰中标公司的荷方人员薪酬的免税规定。

商务部代表我国政府与荷兰政府签署了“中国西部小城镇环境基础设施可行性技术开发与示范项目”(以下简称项目)，由荷方政府向我国提供无偿援助，其目的是通过在中国西部小城镇开发环境基础设施经济适用技术及示范，以达到减少贫困和消除环境污染的目标。该项目由建设部下设机构——中国西部小城镇环境基础设施经济适用技术及示范项目办公室负责，荷兰政府援助的资金也划拨给该办公室统筹管理使用。根据项目协议第三条第六款的规定，对该项目荷方中标公司，给予免征荷方人员(包括荷方公司和个人)薪水、报酬、工资等税收。

(8) 对全国职工技术创新成果奖奖金的免税规定。

为鼓励全国广大职工积极参加群众性科技攻关、技术革新和发明创造活动，推动我国科技进步、促进经济发展，根据《中华人民共和国个人所得税法》第四条第一款关于国务院部委颁发的科学、技术等方面的奖金免税的规定,对全国职工技术创新成果获奖者所得奖金,免予征收个人所得税。

(9) 对参赛运动员因亚冬会比赛成绩获得的奖金或其他奖赏收入,按现行税收法律法规的有关规定征免个人所得税。

(10) 根据《中华人民共和国个人所得税法》第四条第一款的规定,对陈嘉庚科学奖2006年度获奖者个人取得的奖金收入,免予征收个人所得税。

2. 中国人民解放军军级以上单位颁布的奖金

对获得光华科技基金会奖励科技人员的奖金,可视同中国人民解放军军以上单位颁发的科学、技术奖金,暂予免征个人所得税。

3. 国际组织颁布的奖金

(1) 对香港亚洲卫星公司为奖励1995年11月28日成功发射亚洲卫星二号有功人员而向中国长城工业总公司等有关单位颁发的50万美元奖金,属于外国组织、国际组织颁发的科学技术方面的奖金,获奖人员所获该项奖金可免纳个人所得税。

(2) 对个人取得的"国际青少年消除贫困奖",视同从国际组织取得的教育、文化方面的奖金,免予征收个人所得税。

4. 其他奖励、奖金

(1) 对个人举报、协查各种违法、犯罪行为而获得的奖金,免征个人所得税。

(2) 对乡镇(含乡、镇)以上人民政府或经县(含县)以上人民政府主管部门批准成立的有机构、有章程的见义勇为基金会或者类似组织,奖励见义勇为者的奖金或奖品,经主管税务机关核准,免予征收个人所得税。

(3) 科研机构、高等学校转化职务科技成果以股份或出资比例等股权形式给予科技人员个人的奖励,经主管税务机关审核后,暂不征收个人所得税。

"科研机构"是指按中央机构编制委员会和国家科学技术委员会《关于科研事业单位机构设置审批事项的通知》(中编办发[1997]14号)的规定设置审批的自然科学研究事业单位机构。

"高等学校"是指全日制普通高等学校(包括大学、专门学院和高等专科学校)。

"科技人员"必须是科研机构和高等学校的在编正式职工。

◆ 下岗失业人员再就业税收限额优惠规定

(1) 对持《再就业优惠证》人员从事个体经营的(除建筑业、娱乐业以及销售不动产、转让土地使用权、广告业、房屋中介、桑拿、按摩、网吧、氧吧外)，按每户每年 8 000 元为限额依次扣减其当年实际应缴纳的营业税、城市维护建设税、教育费附加和个人所得税。纳税人年度应缴纳税款小于上述扣减限额的以其实际缴纳的税款为限；大于上述扣减限额的应以上述扣减限额为限。

对 2005 年底前核准享受再就业减免税优惠的个体经营人员，从 2006 年 1 月 1 日起按上述政策规定执行，原政策优惠规定停止执行。

下岗失业人员是指：

① 国有企业下岗失业人员；

② 国有企业关闭破产需要安置的人员；

③ 国有企业所办集体企业(即厂办大集体企业)下岗职工；

④ 享受最低生活保障且失业 1 年以上的城镇其他登记失业人员。

“国有企业所办集体企业(即厂办大集体企业)”是指 20 世纪 70～80 年代，由国有企业批准或资助举办的，以安置回城知识青年和国有企业职工子女就业为目的，主要向主办国有企业提供配套产品或劳务服务，在工商行政机关登记注册为集体所有制的企业。

厂办大集体企业下岗职工包括在国有企业混岗工作的集体企业下岗职工。对特别困难的厂办大集体企业关闭或依法破产需要安置的人员，有条件的地区也可纳入《再就业优惠证》发放范围，具体办法由省级人民政府制定。

服务型企业是指从事现行营业税“服务业”税目规定经营活动的企业。

上述优惠政策审批期限为 2006 年 1 月 1 日至 2008 年 12 月 31 日。

(2) 新办个体经营户可申请享受再就业优惠政策。

个体经营是指《中共中央国务院关于进一步做好下岗失业人员再就业工作的通知》(中发[2002]12 号)下发后，即 2002 年 9 月 30 日以后从无到有建立起来的新办个体经营户。由个人独资企业变更为个体经营户，不符合上述文件精神，不得享受个人所得税再就业优惠政策。

自 2006 年 1 月 1 日起，个体经营户可按照《国务院关于进一步加强就业再就业工作的通知》(国发[2005]36 号)规定，申请享受个人所得税再就业优惠政策。

(3) 下岗失业人员从事个体经营的减免税规定。

下岗失业人员从事个体经营的，领取税务登记证后，可持下列材料向其所在地主管税务机关申请减免税：

① 减免税申请；

②《再就业优惠证》；

③ 主管税务机关要求提供的其他材料。

经县级以上税务机关按照财税[2005]186号文件第二条规定的条件审核同意的，在年度减免税限额内，依次减免营业税、城市维护建设税、教育费附加和个人所得税。

纳税人的实际经营期不足一年的，主管税务机关应当以实际月份换算其减免税限额。换算公式为：

减免税限额＝年度减免税限额÷12×实际经营月数

纳税人实际应缴纳的营业税、城市维护建设税、教育费附加和个人所得税小于年度减免税限额的，以实际应缴纳的营业税、城市维护建设税、教育费附加和个人所得税税额为限；实际应缴纳的营业税、城市维护建设税、教育费附加和个人所得税大于年度减免税限额的，以年度减免税限额为限。

◆ 股票、股息、利息及红利所得的免税规定

(1) 对国债和国家发行的金融债券利息，免征个人所得税。

国债利息是指持有中华人民共和国财政部发行的债券而取得的利息所得。

金融债券利息是指个人持有经国务院批准发行的金融债券而取得的利息所得。

(2) 对个人取得的教育储蓄存款利息所得以及国务院财政部门确定的其他专项储蓄存款或者储蓄性专项基金存款的利息所得，免征个人所得税。

教育储蓄是指个人按照国家有关规定在指定银行开户、存入规定数额资金、用于教育目的的专项储蓄。

① 教育储蓄存款利息所得的免税规定。

A. 个人为其子女(或被监护人)接受非义务教育(指九年义务教育之外的全日制高中、大中专、大学本科、硕士和博士研究生)在储蓄机构开立教育储蓄专户，并享受利率优惠的存款，其所取得的利息免征个人所得税(以下简称利息税)。

B. 开立教育储蓄的对象(即储户)为在校小学四年级(含四年级)以上学生，享受免征利息税优惠政策的对象必须是正在接受非义务教育的在校学生，其在就读全日制高中(中专)、大专和大学本科、硕士和博士研究生时，每个学习阶段可分别享受一次2万元教育储蓄的免税优惠。即一个人至多可以享受三次优惠。

② 储户、储蓄机构、主管税务机关在办理教育储蓄利息税减免过程中应注意事项如下。

A. 教育储蓄采用实名制，办理开户时，须凭储户本人户口簿（户籍证明）或居民身份证到储蓄机构以储户本人的姓名开立存款账户。

B. 教育储蓄为一年、三年和六年期零存整取定期储蓄存款，每份本金合计不得超过 2 万元；每份本金合计超过 2 万元或一次性趸存本金的，一律不得享受教育储蓄免税的优惠政策，其取得的利息，应征收利息税。不按规定计付利息的教育储蓄，不得享受免税优惠，应按支付的利息全额征收利息税。

C. 储蓄机构应对教育储蓄情况进行详细记录，以备税务机关核查。记录的内容应包括：储户姓名、证件名称及号码、开具"证明"的学校、"证明"编号、存款额度、储蓄起止日期、利率、利息。

D. 主管税务机关应设立教育储蓄利息所得税免征个人所得税台账，对储户享受优惠情况进行详细登记。登记内容包括：储户姓名、证件名称及号码、"证明"编号、存款额度、储蓄起止日期、利率、利息。主管税务机关应依法定期对储蓄机构的教育储蓄存款利息所得免税情况开展检查。

对储户采取欺骗手段办理教育储蓄的，一经发现，应对其征收利息税，并按《中华人民共和国税收征收管理法》的规定予以处理。

③ "正在接受非义务教育的学生证明"如表 4-1 所示。

表 4-1 正在接受非义务教育的学生身份证明

No. 00000000

正在接受非义务教育的学生身份证明
____________银行（信用社）____________支行（分理处）：
兹证明________同学为我校____________（院、系、年级）在校学生，居民身份证号码________________，正在接受非义务教育，前往贵处办理教育储蓄事宜。
特此证明
学校盖章
年 月 日
×××省（自治区、市）国家税务局印制

注：学生到所在学校开具"证明"时，应在"证明"中填列本人居民身份证号码；无居民身份证号码的，应持本人户口簿复印件三份，分别附在三联"证明"之后。

(3) 对个人投资者申购和赎回基金单位取得的差价收入，在对个人买卖股票的差价收入未恢复征收个人所得税以前，暂不征收个人所得税。

对基金取得的股票的股息、红利收入，债券的利息收入、储蓄存款利息收入，由上市公司、发行债券的企业和银行在向基金支付上述收入时代扣代缴20%的个人所得税。

对投资者(包括个人和机构投资者)从基金分配中取得的收入，暂不征收个人所得税。

(4) 按照国家或省级地方政府规定的比例缴付的下列专项基金或资金存入银行个人账户所取得的利息收入，免征个人所得税：

① 住房公积金；

② 医疗保险金；

③ 基本养老保险金；

④ 失业保险基金。

(5) 为了配合企业改制，促进股票市场的稳健发展，经报国务院批准。从1997年1月1日起，对个人转让上市公司股票取得的所得，继续暂免征收个人所得税。

◆ 偶然所得的免税规定

(1) 对个人购买社会福利有奖募捐奖券收入，一次中奖收入不超过10 000元的，暂免征收个人所得税；对一次中奖收入超过10 000元的，应按税法规定全额征税。

(2) 对个人购买体育彩票中奖收入，凡一次中奖收入不超过10 000元的，暂免征收个人所得税；超过10 000元的，应按税法规定全额征税。

(3) 个人取得单张有奖发票奖金所得不超过800元(含800元)的，暂免征收个人所得税。

个人取得单张有奖发票奖金所得超过800元的，应全额按照个人所得税法规定的“偶然所得”项目征收个人所得税。

◆ 明天小小科学家奖金的免税规定

国家税务总局《关于明天小小科学家奖金免征个人所得税问题的通知》(国税函[2011]337号)规定：

为贯彻实施国家科教兴国和可持续发展战略，加强对青少年创新精神和实践能力的培养，在青少年科技爱好者中选拔和培养科技后备人才，教育部、中国科学技术协会和香港周凯旋基金会于2001年开展了“明天小小科学家”奖励活动，对内地各省、自治区、直辖市以及香港、澳门特别行政区的高中三年级学生在近年来完成的优秀科技项目和科学研究项目进行奖励。该活动每年评选一次。2010 年度,第十届“明天小小科学家”奖励活动已评选结束。评出一等奖 15 名,前 3 名获“明天小小科学家”称号,每名奖金 10 万元人民币,其中奖励学生个人 5 万元人民币,学生所在学校和辅导机构 5 万元人民币;其余 12 名每名奖金 4 万元人民币,其中奖励学生个人 2 万元人民币,学生所在学校和辅导机构 2 万元人民币;二等奖 35 名,每名奖金 2 万元人民币,其中奖励学生个人 1 万元人民币,学生所在学校和辅导机构 1 万元人民币;三等奖 50 名,奖励学生个人 1 000 元人民币。

根据《中华人民共和国个人所得税法》第四条第一项关于国务院部委颁发的教育等方面的奖金免征个人所得税的规定,对学生个人参与“明天小小科学家”活动获得的奖金,免予征收个人所得税。

◆ 中华宝钢环境优秀奖奖金的免税规定

国家税务总局《关于中华宝钢环境优秀奖奖金免征个人所得税问题的通知》(国税函[2010]130 号)规定:

为表彰和奖励为我国环境保护事业做出重大贡献者,促进环境保护事业的发展,经环境保护部批准,中华环境保护基金会设立了中华环境奖(现冠名为中华宝钢环境奖)。由全国人民代表大会环境与资源保护委员会、全国政协人口资源环境委员会、教育部、民政部、环境保护部、文化部、国家广播电影电视总局、中华全国总工会、共青团中央、全国妇联等 13 家单位组成组织委员会,对其评选工作进行指导。该奖评选办公室设在中华环境保护基金会。目前第六届中华宝钢环境奖评选工作已经结束,评选出中华宝钢环境优秀奖获奖者个人 7 名,每人奖金 5 万元。

根据《中华人民共和国个人所得税法》第四条第一项有关规定,对第六届中华宝钢环境优秀奖获奖者个人所获奖金,免予征收个人所得税。

为贯彻行政审批制度改革精神,对中华环境保护基金会严格按照中华环境奖评奖办法,在以后年度评选出的上述奖项奖金收入,一律按照个人所得税法的有关规定直接免予征收个人所得税,无须报送审批。主办单位和评奖办法以后年度发生变化的,主办单位应重新报国家税务总局审核确认。

◆ 军队转业干部城镇退役士兵自主择业及其他税收优惠规定

1. 军队转业干部自主择业优惠政策

(1) 从事个体经营的军队转业干部,经主管税务机关批准,自领取税务登记证之日起，3年内免征营业税和个人所得税。

（2）为安置自主择业的军队转业干部就业而开办的企业，凡安置自主择业的军队转业干部占企业总人数的60%（含60%）以上的，经主管税务机关批准，自领取税务登记证之日起，3年内免征营业税和企业所得税。

（3）自主择业军队转业干部须持有师以上部队颁发的转业证件。

（4）财税[2003]26号文件生效前，已经从事个体经营的军队转业干部和符合本通知规定条件的企业，如果已经按[2001]国转联8号文件的规定，享受了税收优惠政策，可以继续执行到期满为止；如果没有享受上述文件规定的税收优惠政策，可自本通知生效之日起，3年内免征营业税、个人所得税和企业所得税。

2. 城镇退役士兵自谋职业免税规定

对自谋职业的城镇退役士兵可以享受如下税收优惠政策。

从事个体经营（除建筑业、娱乐业以及广告、桑拿、按摩、网吧、氧吧外）的，自领取税务登记证之日起，3年内免征营业税、城市维护建设税、教育费附加和个人所得税。

从事种植、养殖业的，其应缴纳的个人所得税按照国家有关种植、养殖业个人所得税的规定执行。

自谋职业的城镇退役士兵是符合城镇安置条件，并与安置地民政部门签订《退役士兵自谋职业协议书》，领取《城镇士兵自谋职业证》的士官和义务兵。

3. 代扣代缴手续费所得

对个人办理代扣代缴税款手续，按规定取得的扣缴手续费，免征个人所得税。

4. 股权分置改革中对流通股股东的免税规定

股权分置改革中非流通股股东通过对价方式向流通股股东支付的股份、现金等收入，暂免征收流通股股东应缴纳的企业所得税和个人所得税。

5. 按政府规定的房改成本价格低价购房取得的差价收益的免税规定

根据住房制度改革政策的有关规定，国家机关、企事业单位及其他组织（以下简称单位）在住房制度改革期间，按照所在地县级以上人民政府规定的房改成本价格向职工出售公有住房，职工因支付的房改成本价格低于房屋建造成本价格或市场价格而取得的差价收益，免征个人所得税。

4.2 减征个人所得税的优惠

要 点

本节主要介绍经批准可减征税款的规定，捐赠额可按应纳税所得额30%扣除的减税规定，捐赠额准予在税前全额扣除的减税规定以及个人住房出租所得的减税规定。

解 释

◆ 经批准可减征税款的规定

(1) 有下列情形之一的，经批准可减征个人所得税。

① 残疾、孤老人员和烈属的所得。

② 因严重自然灾害造成重大损失的。

③ 其他经国务院财政部门批准减税的。

其减征的幅度和期限由省、自治区、直辖市人民政府规定。

(2) 对残疾人员取得劳动所得的减税规定如下。

① 根据《中华人民共和国个人所得税法》(主席令第44号)第五条和《中华人民共和国个人所得税法实施条例》(国务院令142号)第十六条的规定，对残疾人个人取得的劳动所得，按照省(不含计划单列市)人民政府规定的减征幅度和期限减征个人所得税。具体所得项目为：工资薪金所得、个体工商户的生产经营所得、对企事业单位的承包和承租经营所得、劳务报酬所得、稿酬所得、特许权使用费所得。

② "残疾人"，是指持有《中华人民共和国残疾人证》上注明属于视力残疾、听力残疾、言语残疾、肢体残疾、智力残疾和精神残疾的人员和持有《中华人民共和国残疾军人证》(1至8级)的人员。

③ "个人"均指自然人。

◆ 捐赠额可按应纳税所得额30%扣除的减税规定

(1) 个人将其所得对教育事业和其他公益事业捐赠的部分，按照国务院有关规定从应纳税所得额中扣除。

(2) 个人将其所得对教育事业和其他公益事业的捐赠，是指个人将其所得通过中国境内的社会团体、国家机关向教育和其他社会公益事业以及遭受自然灾害地区、贫困地区的捐赠。

捐赠额未超过纳税义务人申报的应纳税所得额的30%的部分,可以从其应纳税所得额中扣除。

(3) 公益救济性捐赠所得税前扣除。

① 企业通过公益性社会团体或者县级以上人民政府及其部门,用于公益事业的捐赠支出,在年度利润总额12%以内的部分,准予在计算应纳税所得额时扣除。年度利润总额,是指企业依照国家统一会计制度的规定计算的大于零的数额。

② 个人通过社会团体、国家机关向公益事业的捐赠支出,按照现行税收法律、行政法规及相关政策规定准予在所得税税前扣除。

③ 上述第①条所称的用于公益事业的捐赠支出,是指《中华人民共和国公益事业捐赠法》规定的向公益事业的捐赠支出,具体范围包括:

A. 救助灾害、救济贫困、扶助残疾人等困难的社会群体和个人的活动;

B. 教育、科学、文化、卫生、体育事业;

C. 环境保护、社会公共设施建设;

D. 促进社会发展和进步的其他社会公共和福利事业。

(4) 捐赠按不超过应纳税所得额的30%扣除的计算公式如下。

捐赠额的扣除以不超过纳税人申报应纳税所得额的30%为限。有关计算公式为:

捐赠限额=应纳税所得额×30%

允许扣除的捐赠额=实际捐赠额(≤捐赠限额)

应纳税额=(应纳税所得额-允许扣除的捐赠额)×适用税率-速算扣除数

(5) 按应纳税所得额30%的比例在税前扣除的减税规定包括以下方面。

① 社会力量通过国家批准成立的非营利性的公益组织或国家机关对下列宣传文化事业的捐赠,纳入公益性捐赠范围,经税务机关审核后,纳税人缴纳企业所得税时,在年度应纳税所得额10%以内的部分,可在计算应纳税所得额时予以扣除;纳税人缴纳个人所得税时,捐赠额未超过纳税人申报的应纳税所得额30%的部分,可从其应纳税所得额中扣除,包括:

A. 对国家重点交响乐团、芭蕾舞团、歌剧团、京剧团和其他民族艺术表演团体的捐赠;

B. 对公益性的图书馆、博物馆、科技馆、美术馆、革命历史纪念馆的捐赠；

C. 对重点文物保护单位的捐赠；

D. 对文化行政管理部门所属的非生产经营性的文化馆或群众艺术馆接受的社会公益性活动、项目和文化设施等方面的捐赠。

② 对工商企业订阅《人民日报》、《求是》杂志捐赠给贫困地区的费用支出，视同公益救济性捐赠，可按现行《中华人民共和国企业所得税暂行条例》及其实施细则、《中华人民共和国外商投资企业和外国企业所得税法》及其施行细则和《中华人民共和国个人所得税法》及其实施条例规定的比例，在缴纳企业所得税和个人所得税时予以税前扣除。

③ 对企业、事业单位、社会团体和个人等社会力量通过中国金融教育发展基金会、中国国际民间组织合作促进会、中国社会工作协会孤残儿童救助基金管理委员会、中国发展研究基金会、陈嘉庚科学奖基金会、中国友好和平发展基金会、中华文学基金会、中华农业科教基金会、中国少年儿童文化艺术基金会和中国公安英烈基金会用于公益救济性捐赠，企业在年度应纳税所得额3%以内的部分，个人在申报应纳税所得额30%以内的部分，准予在计算缴纳企业所得税和个人所得税税前扣除。

④ 对企事业单位、社会团体和个人等社会力量通过非营利的社会团体和国家机关用于艾滋病防治事业的公益救济性捐赠，企业在年度企业所得税应纳税所得额3%以内的部分，个人在申报个人所得税应纳税所得额30%以内的部分，准予在税前扣除。

⑤ 企业、事业单位、社会团体和个人等社会力量，通过中国境内非营利的社会团体、国家机关向第四届全国特殊奥林匹克运动会筹委会和第十届全国运动会筹委会的捐赠，可按现行税法规定的公益、救济性捐赠办法，准予企业在年度应纳税所得额3%以内的部分、个人在其申报应纳税所得额30%以内的部分在所得税前扣除。

⑥ 对企业、事业单位、社会团体和个人等社会力量通过中国华侨经济文化基金会、中国少数民族文化艺术基金会、中国文物保护基金会和北京大学教育基金会用于公益救济性的捐赠，企业在年度应纳税所得额3%以内的部分，个人在申报应纳税所得额30%以内的部分，准予在计算缴纳企业所得税和个人所得税时实行税前扣除。

⑦ 对企事业单位、社会团体和个人等社会力量通过公益性的社会团体和国家机关向科技部科技型中小企业技术创新基金管理中心用于科技型中小企业技术创新基金的捐赠，企业在年度企业所得税应纳税所得额

3%以内的部分，个人在申报个人所得税应纳税所得额 30%以内的部分，准予在计算缴纳所得税税前扣除。

科技型中小企业技术创新基金是指 1999 年 5 月经国务院批准设立，由科技部主管的科技型中小企业创业基金。科技部科技型中小企业技术创新基金管理中心是指 1999 年经批准成立的，专门负责科技部科技型中小企业技术创新基金管理工作的非营利事业法人。

⑧ 自 2006 年 1 月 1 日起至 2010 年 12 月 31 日，对企事业单位、社会团体和个人等社会力量通过国家批准成立的非营利性的公益组织或国家机关对宣传文化事业的公益性捐赠，经税务机关审核后，纳税人缴纳企业所得税时，在其年度应纳税所得额 10%以内的部分，可在计算应纳税所得额时予以扣除；纳税人缴纳个人所得税时，捐赠额未超过纳税人申报的应纳税所得额 30%的部分，可从其应纳税所得额中扣除。

⑨ 中国华夏文化遗产基金会、中国民航科普基金会、南航“十分”关爱基金会、国寿慈善基金会等四家单位是按照国务院《基金会管理条例》或《社会团体登记管理条例》的规定，经民政部登记注册的非营利性的社会团体根据《中华人民共和国企业所得税暂行条例》和《中华人民共和国个人所得税法》的有关规定，纳税人通过上述基金会的公益、救济性捐赠支出，自 2007 年 1 月 1 日起，在年度企业所得税应纳税所得额 3%以内的部分或者未超过申报的个人所得税应纳税所得额 30%的部分，准予在缴纳企业所得税或者个人所得税前扣除，国家以后有新的政策规定，统一按新的政策规定执行。

⑩ 个人捐赠住房作为廉租住房的，捐赠额未超过其申报的应纳税所得额 30%的部分，准予从其应纳税所得额中扣除。

◆ **捐赠额准予在税前全额扣除的减税规定**

（1）企业、事业单位、社会团体和个人等社会力量通过非营利性的社会团体和国家机关（包括中国红十字会）向红十字事业的捐赠，在计算缴纳企业所得税和个人所得税时准予全部扣除。

（2）对企事业单位、社会团体和个人等社会力量通过非营利性的社会团体、国家机关向公益性青少年活动场所（包括新建）的捐赠，在计算缴纳个人所得税时准予全额扣除。

公益性青少年活动场所是指专门为青少年学生提供科技、文化、德育、爱国主义教育、体育活动的青少年宫、青少年活动中心等校外活动的公益性场所。

（3）对企事业单位、社会团体和个人等社会力量，通过非营利性的社会团体和政府部门向福利性、非营利性的老年服务机构的捐赠，在缴纳企业所得税和个人所得税前准予全额扣除。

(4) 对企事业单位、社会团体和个人向慈善机构、基金会等非营利机构的公益、救济性捐赠，准予在缴纳企业所得税和个人所得税前全额扣除。

慈善机构、基金会等非营利机构，是指按照国务院《社会团体登记管理条例》及《民办非企业单位登记管理暂行条例》规定设立的公益性、非营利性组织。

以上政策适用于在辽宁全省以及其他省、自治区、直辖市按《国务院关于印发完善城镇社会保障体系证点方案的通知》(国发[2000]40号)规定确定的试点地区缴纳企业所得税和个人所得税的纳税人，自各地区实施之日起执行。

(5) 企业等社会力量向红十字事业捐赠。

① 对受赠者和转赠者资格的认定。这些红十字会及其"红十字事业"，只有在中国红十字会总会号召开展重大活动(以总会文件为准)时接受的捐赠和转赠，捐赠方可享受在计算缴纳企业所得税和个人所得税时全额扣除的优惠政策。除此之外，接受定向捐赠或转赠，必须经中国红十字会总会认可，捐赠者方可享受在计算企业所得税和个人所得税时全额扣除的优惠政策。

② 接受捐赠的红十字会应按照财务隶属关系分别使用由中央或省级财政部门统一印(监)制的捐赠票据，并加盖接受捐赠或转赠的红十字会的财务专用印章。

(6) 社会力量和个人向基金会的捐赠。对企业、事业单位、社会团体和个人等社会力量，向中华健康快车基金会和孙冶方经济科学基金会、中华慈善总会、中国法律援助基金会和中华见义勇为基金会的捐赠，准予在缴纳企业所得税和个人所得税前全额扣除。

(7) 纳税人向教育事业的捐赠。纳税人通过中国境内非营利的社会团体、国家机关向教育事业的捐赠，准予在企业所得税和个人所得税前全额扣除。

(8) 对企业、事业单位、社会团体和个人等社会力量，通过中国老龄事业发展基金会、中国华文教育基金会、中国绿化基金会、中国妇女发展基金会、中国关心下一代健康体育基金会、中国生物多样性保护基金会、中国儿童少年基金会和中国光彩事业基金会用于公益救济性捐赠，准予在缴纳企业所得税和个人所得税前全额扣除。

(9) 对企业、事业单位、社会团体和个人等社会力量，通过中国医药卫生事业发展基金会用于公益救济性捐赠，准予在缴纳企业所得税和个人所得税前全额扣除。

(10) 对企业、事业单位、社会团体和个人等社会力量，通过中国教育发展基金会用于公益救济性捐赠，准予在缴纳企业所得税和个人所得税前全额扣除。

(11) 对企事业单位、社会团体、民办非企业单位或个人捐赠、赞助给上海世博局的资金、物资支出，在计算应纳税所得额时予以全额扣除。

(12) 自2007年1月1日起至2007年12月31日止，对企业、事业单位、社会团体和个人等社会力量，通过全国县级以上总工会(不含各级行业性工会和各类企业工会)用于困难职工帮扶中心的公益救济性捐赠，准予在计算缴纳企业所得税和个人所得税前全额扣除。

(13) 自2007年1月1日起至2007年12月31日止，对企业、事业单位、社会团体和个人等社会力量，通过中国青少年发展基金会、中国马克思主义研究基金会、中国治理荒漠化基金会、中国人权发展基金会、中国留学人才发展基金会和友成企业家扶贫基金会用于公益救济性捐赠，准予在缴纳企业所得税和个人所得税前全额扣除。

◆ 个人住房出租所得的减税规定

财政部、国家税务总局《关于廉租住房、经济适用住房和住房租赁有关税收政策的通知》[财税(2008)24号]给出如下规定。

为贯彻落实《国务院关于解决城市低收入家庭住房困难的若干意见》(国发[2007]24号)精神，促进廉租住房、经济适用住房制度建设和住房租赁市场的健康发展，经国务院批准，现将有关税收政策通知如下。

1. 支持廉租住房、经济适用住房建设的税收政策

(1) 对廉租住房经营管理单位按照政府规定价格、向规定保障对象出租廉租住房的租金收入，免征营业税、房产税。

(2) 对廉租住房、经济适用住房建设用地以及廉租住房经营管理单位按照政府规定价格、向规定保障对象出租的廉租住房用地，免征城镇土地使用税。

开发商在经济适用住房、商品住房项目中配套建造廉租住房，在商品住房项目中配套建造经济适用住房，如能提供政府部门出具的相关材料，可按廉租住房、经济适用住房建筑面积占总建筑面积的比例免征开发商应缴纳的城镇土地使用税。

(3) 企事业单位、社会团体以及其他组织转让旧房作为廉租住房、经

济适用住房房源且增值额未超过扣除项目金额20%的，免征土地增值税。

(4) 对廉租住房、经济适用住房经营管理单位与廉租住房、经济适用住房相关的印花税以及廉租住房承租人、经济适用住房购买人涉及的印花税予以免征。

开发商在经济适用住房、商品住房项目中配套建造廉租住房，在商品住房项目中配套建造经济适用住房，如能提供政府部门出具的相关材料，可按廉租住房、经济适用住房建筑面积占总建筑面积的比例免征开发商应缴纳的印花税。

(5) 对廉租住房经营管理单位购买住房作为廉租住房、经济适用住房经营管理单位回购经济适用住房继续作为经济适用住房房源的，免征契税。

(6) 对个人购买经济适用住房，在法定税率基础上减半征收契税。

(7) 对个人按《廉租住房保障办法》(建设部等9部委令第162号)规定取得的廉租住房货币补贴，免征个人所得税；对于所在单位以廉租住房名义发放的不符合规定的补贴，应征收个人所得税。

(8) 企事业单位、社会团体以及其他组织于2008年1月1日前捐赠住房作为廉租住房的，按《中华人民共和国企业所得税暂行条例》(国务院令第137号)、《中华人民共和国外商投资企业和外国企业所得税法》有关公益性捐赠政策执行；2008年1月1日后捐赠的，按《中华人民共和国企业所得税法》有关公益性捐赠政策执行。个人捐赠住房作为廉租住房的，捐赠额未超过其申报的应纳税所得额30%的部分，准予从其应纳税所得额中扣除。

廉租住房、经济适用住房、廉租住房承租人、经济适用住房购买人以及廉租住房租金、货币补贴标准等须符合国发[2007]24号文件及《廉租住房保障办法》(建设部等9部委令第162号)、《经济适用住房管理办法》(建住房[2007]258号)的规定；廉租住房、经济适用住房经营管理单位为县级以上人民政府主办或确定的单位。

2. 支持住房租赁市场发展的税收政策

(1) 对个人出租住房取得的所得减按10%的税率征收个人所得税。

(2) 对个人出租、承租住房签订的租赁合同，免征印花税。

(3) 对个人出租住房，不区分用途，在3%税率的基础上减半征收营业税，按4%的税率征收房产税，免征城镇土地使用税。

(4) 对企事业单位、社会团体以及其他组织按市场价格向个人出租用于居住的住房，减按4%的税率征收房产税。

上述与廉租住房、经济适用住房相关的新的优惠政策自2007年8月1日起执行，文到之日前已征税款在以后应缴税款中抵减。与住房租赁相关的新的优惠政策自2008年3月1日起执行。其他政策仍按现行规定继续执行。

各地要严格执行税收政策，加强管理，对执行过程中发现的问题，及时上报财政部、国家税务总局。

实例详解

【例 4-2】 2011年，李某购买福利彩票中奖，取得奖金30 000元，李某将15 000元通过民政局捐赠给中央民族歌舞团，李某应纳个人所得税多少元？

【分析】 李某购买福利彩票中奖30 000元，超过了10 000元，应按全额计税。

(1) 李某通过非营利机构捐赠，根据国发[2000]41号文件规定准予扣除应纳税所得额的30%，因此

扣除限额＝30 000×30%＝9 000(元)，其超过部分应按规定纳税。

(2) 应纳税额＝(30 000－9 000)×20%＝4 200(元)

李某应纳个人所得税4 200元。

【例 4-3】 2011年，老刘购买体育彩票中奖，一次取得奖金20 000元，通过北京市红十字会捐赠给红十字事业10 000元，老刘应纳个人所得税多少元？

【分析】 个人通过非营利机构北京市红十字会向红十字事业的捐赠，根据财税[2001]28号文件规定，在计算个人所得税时准予全额扣除。

应纳税所得额＝20 000－10 000＝10 000(元)

应纳税额＝10 000×20%＝2 000(元)

4.3 外籍人员个人所得税减免税优惠

要　点

外籍人员个人所得税减免税优惠主要通过外籍个人居住不超过90日或183日的免税规定，外交使、领馆人员的免税规定，外国专家工资、薪金所得的免税规定，外籍职员住房费的免税规定以及外国来华工作人员、

留学生的免税规定等来实现。

解 释

◆ 外籍个人居住不超过90日或183日的免税规定

参见1.3节中“居住时间与纳税义务”的第1条规定。

◆ 外交使、领馆人员的免税规定

依照我国有关法律规定各国驻华使馆、领事馆官员和其他人员及中国政府参加的国际公约、签订的协议中规定的免税的所得免征个人所得税。

我国是参加《维也纳外交关系公约》和《维也纳领事关系公约》国之一。根据《维也纳外交关系公约》第三十四条、第三十七条规定和《维也纳领事关系公约》第四十九条规定，对使馆内的其他人员（行政、技术人员、服务人员及家属），除派遣国在接受国所雇人员外，均免征个人所得税。

◆ 外国专家工资、薪金所得的免税规定

凡符合下列条件之一的外籍专家取得的工资、薪金所得可免征个人所得税。

(1) 根据世界银行专项贷款协议由世界银行直接派往我国工作的外国专家。

(2) 联合国组织直接派往我国工作的专家。

“直接派往”是指世界银行或联合国组织直接与该专家签订提供技术服务的协议或与该专家的雇主签订技术服务协议，并指定该专家为有关项目提供技术服务，由世界银行或联合国支付该外国专家的工资、薪金报酬。

该外国专家办理上述免税时，应提供其与世界银行签订的有关合同和其工资、薪金所得由世界银行或联合国组织支付、负担的证明。

“联合国组织”是指联合国的有关组织，包括联合国开发计划署、联合国人口活动基金会、联合国儿童基金会、联合国技术合作部、联合国工业发展组织、联合国粮农组织、世界粮食计划署、世界卫生组织、世界气象组织、联合国教科文组织等。

(3) 联合国援助项目来华工作的专家。

(4) 援助国派往我国专为该国无偿援助项目工作的专家。

(5) 根据两国政府签订文化交流项目来华工作两年以内的文教专家,其工资、薪金所得由该国负担的。

(6) 根据我国大专院校交流项目来华工作两年以内的文教专家,其工资、薪金所得由该国负担的。

(7) 通过民间科研协定来华工作的专家,其工资、薪金所得由该国政府机构负担的。

◆ 外籍职员住房费的免税规定

(1) 外商投资企业和外商驻华机构租房或购买房屋免费供外籍职员居住,可以不计入其职员的工资、薪金所得缴纳个人所得税。

(2) 外商投资企业和外商驻华机构将住房费定额发给外籍职员,可以列为费用支出,但应计入其职员的工资、薪金所得。该职员能够提供准确的住房费用作证单据的,可准其按实际支出额,从应纳税所得额中扣除。

◆ 外国来华工作人员、留学生的免税规定

参见 2.4 节中“外国来华工作人员、留学生的计税规定”。

◆ 外籍个人取得补贴津贴的免税规定

(1) 非现金形式的住房补贴、伙食补贴、洗衣费

对外籍个人以非现金形式或实报实销形式取得的合理的住房补贴、伙食补贴和洗衣费免征个人所得税,应由纳税人在初次取得上述补贴或上述补贴数额、支付方式发生变化的月份的次月进行工资、薪金所得纳税申报时,向主管税务机关提供上述补贴的有效凭证,由主管税务机关核准确认免税。

(2) 实报实销形式的搬迁费

对外籍个人因到中国任职或离职,以实报实销形式取得的搬迁收入免征个人所得税,应由纳税人提供有效凭证,由主管税务机关审核认定,就其合理的部分免税。

(3) 合理标准的出差补贴(境内外差补)

对外籍个人按合理标准取得的境内、外出差补贴免征个人所得税,应由纳税人提供出差的交通费、住宿费凭证(复印件)或企业安排出差的有关计划,由主管税务机关确认免税。

(4) 符合规定的探亲费

对外籍个人取得的探亲费免征个人所得税,应由纳税人提供探亲的

交通支出凭证(复印件),由主管税务机关审核,对其实际用于本人探亲,且每年探亲的次数和支付的标准合理的部分给予免税。

每年探亲的次数和支付的标准:

① 可以享受免征个人所得税优惠待遇的探亲费,仅限于外籍个人在我国的受雇地与其家庭所在地(包括配偶或父母居住地)之间搭乘交通工具;

② 每年不超过2次的费用。

(5) 提供凭证且数额合理的语言培训费,子女教育费补贴

对外籍个人取得的语言培训费和子女教育补贴免征个人所得税,应由纳税人提供在中国境内接受上述教育的支出凭证和期限证明材料,由主管税务机关审核,对其在中国境内接受语言培训以及子女在中国境内接受教育取得的语言培训费和子女教育费补贴,且在合理数额内的部分免予纳税。

◆ 取得港澳地区住房伙食等补贴的免税规定

(1) 受雇于我国境内企业的外籍个人(不包括香港澳门居民个人),因家庭等原因居住在香港、澳门,每个工作日往返于内地与香港、澳门等地区,由此境内企业(包括其关联企业)给予在香港或澳门住房、伙食、洗衣、搬迁等非现金形式或实报实销形式的补贴,凡能提供有效凭证的,经主管税务机关审核确认后,可以依照《财政部、国家税务总局关于个人所得税若干政策问题的通知》(财税字[1994]20号)第二条以及《国家税务总局关于外籍个人取得有关补贴征免个人所得税执行问题的通知》(国税发[1997]54号)第一条、第二条的规定,免予征收个人所得税。

(2) 上述所称外籍个人就其在香港或澳门进行语言培训、子女教育而取得的费用补贴,凡能提供有效支出凭证等材料的,经主管税务机关审核确认为合理的部分,可以依照上述《财政部、国家税务总局关于个人所得税若干政策问题的通知》第二条以及《国家税务总局关于外籍个人取得有关补贴征免个人所得税执行问题的通知》第五条的规定,免予征收个人所得税。

◆ 海外侨汇的免税规定

(1) 华侨从海外汇入我国境内赡养其家属的侨汇,免征个人所得税。

(2) 继承国外遗产从海外调入的外汇,免征个人所得税。

(3) 取回解冻在美国资金汇入的外汇,免征个人所得税。

◆ **外籍和港澳台居民个人取得储蓄存款的利息所得享受协定待遇的计税规定**

(1) 外籍个人和港澳台居民个人从中国境内取得储蓄存款的利息所得,其居民国(地区)与我国(内地)签订的税收协定(包括内地与香港特别行政区和澳门特别行政区分别签订的税收安排)规定的税率低于我国法律法规规定的税率的,可以享受协定待遇,但须提交享受税收协定待遇申请表;协定税率高于我国法律法规规定的税率的,按我国法律法规规定的税率执行。

(2) 上述所称外籍个人和港澳台居民个人是指根据《中华人民共和国个人所得税法》第一条第二款和税收协定的规定,仅就从中国境内取得的所得缴纳个人所得税的个人。

(3) 表4-2的协定税率是对国税发[1999]201号和国税发[2000]031号文件附表的汇总和更新。

(4) 我国对外税收协定(含内地与香港、澳门的税收安排)关于利息所得适用税率一览表如表4-2所示。

表4-2 中国对外税收协定(含内地与香港、澳门的税收安排)关于利息所得适用税率一览表

序号	国家或地区	协定税率	序号	国家或地区	协定税率
1	日本	10%	15	泰国	10%
2	美国	10%	16	意大利	10%
3	法国	10%	17	荷兰	10%
4	英国	10%	18	捷克、斯洛伐克	10%
5	比利时	10%	19	波兰	10%
6	德国	10%	20	澳大利亚	10%
7	马来西亚	10%	21	保加利亚	10%
8	挪威	10%	22	巴基斯坦	10%
9	丹麦	10%	23	科威特	5%
10	新加坡	银行或金融机构7%,其他10%	24	瑞士	10%
11	芬兰	10%	25	塞浦路斯	10%
12	加拿大	10%	26	西班牙	10%
13	瑞典	10%	27	罗马尼亚	10%
14	新西兰	10%	28	奥地利	10%

续表

序号	国家或地区	协定税率	序号	国家或地区	协定税率
29	巴西	15%	59	爱沙尼亚	10%
30	蒙古	10%	60	老挝	老：5% 中：10%
31	匈牙利	10%	61	塞舌尔	10%
32	马耳他	10%	62	菲律宾	10%
33	阿联酋	7%	63	爱尔兰	10%
34	卢森堡	10%	64	南非	10%
35	韩国	10%	65	巴巴多斯	10%
36	俄罗斯	10%	66	摩尔多瓦	10%
37	巴新	10%	67	古巴	7.5%
38	印度	10%	68	委内瑞拉	银行或金融机构5%，其他10%
39	毛里求斯	10%	69	哈萨克斯坦	10%
40	克罗地亚	10%	70	印度尼西亚	10%
41	白俄罗斯	10%	71	阿曼	10%
42	斯洛文尼亚	10%	72	突尼斯	10%
43	以色列	银行或金融机构7%，其他10%	73	伊朗	10%
44	越南	10%	74	巴林	10%
45	土耳其	10%	75	希腊	10%
46	乌克兰	10%	76	吉尔吉斯	10%
47	亚美尼亚	10%	77	摩洛哥	10%
48	牙买加	7.5%	78	斯里兰卡	10%
49	冰岛	10%	79	特立尼达和多巴哥	10%
50	立陶宛	10%	80	阿尔巴尼亚	10%
51	拉脱维亚	10%	81	文莱	10%
52	乌兹别克	10%	82	阿塞拜疆	10%
53	孟加拉	10%	83	格鲁吉亚	10%
54	南斯拉夫	10%	84	墨西哥	10%
55	苏丹	10%	85	沙特阿拉伯	10%
56	马其顿	10%	86	香港特别行政区	7%
57	埃及	10%	87	澳门特别行政区	银行或金融机构7%，其他10%
58	葡萄牙	10%			

相关知识

◆ 其他若干问题的免税规定

1. 外国公司发放的公用款项、公用经费

属于外国公司、企业发给其在华人员的公用款项，如差旅费津贴（住房费、交通费、邮电通信费）、公用经费（办公费、广告费、业务上往来必要的交际费）等，由派遣公司、企业出具证明，经当地税务机关核实，可不计入工资、薪金所得征税。

2. 无偿援助我国专家的补贴和零用金

对由于无偿援助或支援派来我国的外国专家、服务人员，从我国取得的各种补贴或零用金，不论是我方支付或境外支付，均可免征个人所得税。

3. 中国血统外籍高级知识分子来华定居的收入

中国血统的外籍高级知识分子退休后来华定居，其从外国领取的退休金和在我国领取的生活津贴、工资征税问题，按照国务院批转侨务办公室、外交部等部门《对中国血统外籍高级知识分子退休来华定居的意见》，依据我国个人所得税法规定精神，分别不同情况处理：

（1）由于过去的雇佣关系从国外领取的退休金、年金免征个人所得税。

（2）退休后仍为国外组织的在华机构担任职务，进行工作，从国外领得的报酬，按《个人所得税法施行细则》第五条规定办理。从中国境外取得的其他所得（不包括退休金、年金），按《个人所得税法施行细则》第三条规定办理。

（3）由我国安排工作，发给工资的，只就每月收入超过 800 元的部分征收个人所得税。但安排担任技术顾问等职务，每月发给的津贴，免税。（自 2008 年 3 月 1 日起，工薪费用扣除标准调至 2 000 元；自 2011 年 9 月 1 日起，工薪费用扣除标准调至 3 500 元）

4. 福特基金会北京办事处常驻人员及其家属的收入

对于福特基金会北京办事处常驻人员及其家属来源于基金会的收入，在我国免予征收个人所得税。

实例详解

【例 4-4】 2006 年 1 月 1 日某大学聘任的法国教授 A、巴西教授 B 和科威特教授 C，在我境内分别存入两年期存款，储蓄存款分别取得利息 10 000 元、20 000 元和 30 000 元，3 名教授提供了身份证明并填写了《外国居民享受避免双重征税协定待遇申请表》，我国银行应如何代扣代缴他们的个人所得税？

【分析】 按照国际惯例，避免双重征税协定中的税率通常要低于法定税率，如果协定中的税率高于实际税率，应根据国民待遇原则，也适用国内实际税率。

由于我国储蓄存款利息所得法定税率由20%调减为5%，原来享受10%，15%协定税率的法国教授A，巴西教授B，在中国境内储蓄机构的存款利息可按调减税率计税，科威特教授C的利息所得税率不变，仍按5%对其利息所得计税。

如果3位教授的存款在2007年12月31日储蓄期满，那么他们的存款利息所得应按调整前和调整后分时段，分别按不同税率计税。

假设：2006年1月1日至2007年8月14日三位的存款利息分别是9 000元、18 000元、27 000元，2007年8月15日至2007年12月31日的存款利息分别是1 000元、2 000元、3 000元，那么银行应扣缴的个人所得税额分别是：

法国教授A应纳税额＝9 000×10%＋1 000×5%＝950(元)

巴西教授B应纳税额＝18 000×15%＋2 000×5%＝2 800(元)

科威特教授C应纳税额＝27 000×5%＋3 000×5%＝1 500(元)

【例4-5】 法国某公司在北京承包一项汽车设计项目，2009年1月1日法国某工程师被派往北京工作，累计来华天数161日，其在北京工作期间取得由境外公司支付的工资薪金为150万元，其收入由该工程项目负担，该收入应如何缴纳个人所得税？

【分析】 法国(与我国签订避免双重征税税收协定)该工程师在北京期间取得的工资薪金收入，属于来源于中国境内的所得，但是由于其在2009年度内在华累计时间不超过183日且由境外公司支付，应享受免征个人所得税优惠待遇，但由于该项目一般采用核定利润的方式征收企业所得税，且该工程师的工资薪金收入在公司在华经营费用中列支(负担)，所以，该工程师取得的工资、薪金所得应按规定由其所在公司在北京进行个人所得税纳税申报。

4.4 暂免征收个人所得税的优惠

要 点

本节主要介绍暂免征收个人所得税的基本规定。

解　释

◆ 暂免征收个人所得税的基本规定

根据《财政部、国家税务总局关于个人所得税若干政策问题的通知》和有关文件的规定，对下列所得暂免征收个人所得税。

(1) 外籍个人以非现金形式或实报实销形式取得的住房补贴、伙食补贴、搬迁费、洗衣费。

(2) 外籍个人按合理标准取得的境内、境外出差补贴。

(3) 外籍个人取得的语言训练费、子女教育费等，经当地税务机关审核批准为合理的部分。

(4) 外籍个人从外商投资企业取得的股息、红利所得。

(5) 凡符合下列条件之一的外籍专家取得的工资、薪金所得，可免征个人所得税。

① 根据世界银行专项贷款协议，由世界银行直接派往我国工作的外国专家。

② 联合国组织直接派往我国工作的专家。

③ 为联合国援助项目来华工作的专家。

④ 援助国派往我国专为该国援助项目工作的专家。

⑤ 根据两国政府签订的文化交流项目来华工作两年以内的文教专家，其工资、薪金所得由该国负担的。

⑥ 根据我国大专院校国际交流项目来华工作两年以内的文教专家，其工资、薪金所得由该国负担的。

⑦ 通过民间科研协定来华工作的专家，其工资、薪金所得由该国政府机构负担的。

(6) 个人举报、协查各种违法、犯罪行为而获得的奖金。

(7) 个人办理代扣代缴手续，按规定取得的扣缴手续费。

(8) 个人转让自用达5年以上、并且是唯一的家庭生活用房取得的所得。

(9) 对个人购买福利彩票、赈灾彩票、体育彩票，一次中奖收入在10 000元以下的(含10 000元)暂免征收个人所得税，超过10 000元的，全额征收个人所得税。

(10) 达到离休、退休年龄，但是确因工作需要，适当延长离休、退休年龄的高级专家(指享受国家发放的政府特殊津贴的专家、学者)，其在延长离休、退休期间的工资、薪金所得，视同离休、退休工资免征个人所得税。

(11) 对国有企业职工，因企业依照《中华人民共和国企业破产法(试行)》宣告破产，从破产企业取得的一次性安置费收入，免予征收个人所得税。

(12) 职工与用人单位解除劳动关系取得的一次性补偿收入(包括用人单位发放的经济补偿金、生活补助费和其他补助费用)，在当地上年职工年平均工资3倍数额内的部分，可免征个人所得税。超过该标准的一次性补偿收入，应按照《国家税务总局关于个人因解除劳动合同取得经济补偿金征收个人所得税问题的通知》(国税发[1999]178号)的有关规定，计算征收个人所得税。

根据国税发[1999]178号文件，个人解除劳动合同取得的一次性补偿收入，自1999年10月1日起，按以下规定征收个人所得税。

① 对于个人因解除劳动合同而取得一次性经济补偿收入，应按"工资、薪金所得"项目计征个人所得税。

② 考虑到个人取得的一次性经济补偿收入数额较大，而且被解聘的人员可能在一段时间内没有固定收入，所以，对于个人取得的一次性经济补偿收入，可视为一次取得数月的工资、薪金收入，允许在一定期限内进行平均。具体平均办法为：以个人取得的一次性经济补偿收入，除以个人在本企业的工作年限数，以其商数作为个人的月工资、薪金收入，按照税法规定计算缴纳个人所得税。个人在本企业的工作年限数按实际工作年限数计算，超过12年的按12年计算。

③ 按照上述方法计算的个人一次性经济补偿收入应纳的个人所得税税款，由支付单位在支付时一次性代扣，并于次月15日内缴入国库。

④ 个人按国家和地方政府规定比例实际缴纳的住房公积金、医疗保险金、基本养老保险金、失业保险基金在计税时予以扣除。

⑤ 个人在解除劳动合同后又再次任职、受雇的，对个人已缴纳个人所得税的一次性经济补偿收入，不再与再次任职、受雇的工资、薪金所得合并计算补缴个人所得税。

(13) 城镇企业事业单位及其职工个人按照《失业保险条例》规定的比例，实际缴付的失业保险费，均不计入职工个人当期的工资、薪金收入，免予征收个人所得税。

城镇企业是指国有企业、城镇集体企业、外商投资企业、城镇私营企业以及其他城镇企业。它不包括城镇企业、事业单位招用的农民合同制工人。

城镇企业、事业单位和职工个人超过上述规定的比例缴付失业保险费的，应将其超过规定比例缴付的部分计入职工个人当期的工资、薪金收入，依法计征个人所得税。

(14) 企业和个人按照国家或地方政府规定的比例，提取并向指定金融机构实际缴付的住房公积金、医疗保险金、基本养老保险金，免予征收个人所得税。

(15) 个人领取原提存的住房公积金、医疗保险金、基本养老保险金，以及具备《失业保险条例》规定条件的失业人员领取的失业保险金，免予征收个人所得税。

(16) 个人取得的教育储蓄存款利息所得和按照国家或省级地方政府规定的比例缴付的住房公积金、医疗保险金、基本养老保险金、失业保险金存入银行个人账户所取得的利息所得，免予征收个人所得税。

(17) 自 2008 年 10 月 9 日(含)起，对储蓄存款利息所得暂免征收个人所得税。

(18) 个人转让离婚析产房屋的征税问题：

① 通过离婚析产的方式分割房屋产权是夫妻双方对共同共有财产的处置，个人因离婚办理房屋产权过户手续，不征收个人所得税。

② 个人转让离婚析产房屋所取得的收入，允许扣除其相应的财产原值和合理费用后，余额按照规定的税率缴纳个人所得税；其相应的财产原值，为房屋初次购置全部原值和相关税费之和乘以转让者占房屋所有权的比例。

③ 个人转让离婚析产房屋所取得的收入，符合家庭生活自用 5 年以上唯一住房的，可以申请免征个人所得税，其购置时间按照《国家税务总局关于房地产税收政策执行中几个具体问题的通知》(国税发[2005]172号)执行。

◆ 个人独资企业和合伙企业取得“四业”所得暂不征收个税

财政部、国家税务总局《关于个人独资企业和合伙企业投资者取得种植业、养殖业、饲养业、捕捞业所得有关个人所得税问题的批复》(财税[2010]96 号)规定，对个人独资企业和合伙企业从事种植业、养殖业、饲养业、捕捞业(以下简称“四业”)，其投资者取得的“四业”所得暂不征收个人所得税。

相关知识

◆ 不再征收个人所得税的规定

对农村税费改革试点地区停止征收农业特产税，改为征收农业税后，对个体户或个人取得的农业特产所得，按照财政部、国家税务总局《关于个人所得税若干政策问题的通知》(财税字[1994]020 号)的规定不再征收个人所得税。

实战训练

一、单项选择题

1. 下列所得中，免缴个人所得税的是(　　)。

A. 年终加薪

B. 拍卖本人文字作品原稿的收入

C. 个人保险所获赔偿

D. 从投资管理公司取得的派息红利

2. 个人因从事彩票代销业务而取得的所得，应按(　　)计征个人所得税。

A. 工资、薪金所得　　B. 承包、转包所得

C. 劳务报酬所得　　D. 个体户经营所得

3. 个人转让已购经济适用房在转让前实际发生的装修费用，可在房屋原值(　　)比例内扣除。

A. 5%　　B. 10%

C. 15%　　D. 20%

4. 转让已购商品房在转让前实际发生的装修费用，可在房屋原值(　　)比例内扣除。

A. 5%　　B. 10%

C. 15%　　D. 20%

5. 对于县级政府颁发的科学、教育、技术、文化、卫生、体育、环境保护等方面的奖金，应当(　　)。

A. 征收个人所得税　　B. 免征个人所得税

C. 减半征收个人所得税　　D. 适当减征个人所得税

二、多项选择题

1. 下列可免征个人所得税所得的有(　　)。

A. 军人的转业安置费

B. 经税务机关审核合理的外籍人员的探亲费

C. 财产转租收入

D. 参加有奖销售获得的奖金

2. 下列目前免征个人所得税的有(　　)。

A. 退休工资 3 000 元

B. 境内上市股票转让所得 50 000 元

C. 救济金 20 000 元

D. 举报偷税获奖 10 000 元

3. 下列各项中,经批准可减征个人所得税的有(　　)。

A. 国家发行的金融债券的利息

B. 外籍个人从外商投资企业取得的红利

C. 因自然灾害遭受重大损失

D. 残疾、孤老人员、烈属取得的所得

4. 下列各项所得中,应当征收个人所得税的有(　　)。

A. 企业集资利息　　B. 从股份公司取得股息

C. 企业债券利息　　D. 国家发行的金融债券的利息

5. 下列各项所得中,可免征个人所得税的有(　　)。

A. 教育储蓄存款利息

B. 个人举报、协查各种违法犯罪行为而获得的奖金

C. 购买足球彩票的中奖所得

D. 事业单位自行规定发放的各种补贴和津贴

三、判断题

1. 对学生个人参与"明天小小科学家"活动并获得的奖金,免予征收个人所得税。(　　)

2. 个人取得单张有奖发票奖金所得不超过 10 000 元的,暂免征收个人所得税。(　　)

3. 对个人转让自用达五年以上,并且是唯一的家庭生活用房取得的所得,免征个人所得税。(　　)

4. 按照国家有关城镇房屋拆迁管理办法规定的标准,被拆迁人取得的拆迁补偿款,免征个人所得税。(　　)

5. 退休工资、离休工资、离休生活补助费,免征个人所得税。(　　)

四、计算题

1. 小李和小王购买体育彩票中奖,分别取得奖金 10 000 元、150 000 元。小王将其中 40 000 元通过天津市教委捐赠给某贫困地区一所学校,

将 10 000 元亲自寄给某学校贫困生小江，应如何计算小李和小王的个人所得税？如果小王捐赠 45 000 元、60 000 元，如何计算其个人所得税？

2. 2011 年 10 月上海市某国企进行企业改革，职工李琳被单位解聘，单位按规定支付其一次性经济补偿金 144 351 元，并按规定为其缴纳基本养老保险金、失业保险金、医疗保险金和住房公积金 5 000 元。李琳在该企业工作 15 年，单位应如何代扣代缴李琳的个人所得税？

假若李琳在该企业工作 5 年，单位应如何代扣代缴其个人所得税？

如果李琳被企业解聘后，当月李琳就被另一个企业聘任，每月工资 10 000 元，李琳 2011 年 10 月份应缴纳个人所得税多少元？

第5章

个人所得税的申报缴纳

5.1 纳税申报方式

要 点

个人所得税以所得人为纳税义务人，以支付所得的单位和个人为扣缴义务人。个人所得税的申报方式主要有两种：一种是扣缴义务人代扣代缴之后向税务机关申报缴纳，二是纳税人自行向税务机关申报缴纳。

解 释

◆ 扣缴义务人代扣代缴申报

1. 扣缴义务人

税法规定，个人所得税以取得应税所得的个人为纳税义务人，以支付所得的单位或者个人为扣缴义务人。扣缴义务人包括企业（公司）、事业单位、财政部门、机关事务管理部门、人事管理部门、社会团体、军队、驻华机构[不包括外国驻华使（领）馆和联合国及其他依法享有外交特权和豁免权的国际组织驻华机构]、个体工商户等单位或个人。按照税法规定代扣代缴个人所得税，是扣缴义务人的法定义务，必须依法履行。

2. 申报范围

扣缴义务人在向个人支付下列所得时，应代扣代缴个人所得税：

工资、薪金所得，对企事业单位的承包经营、承租经营所得，劳务报酬所得，稿酬所得，特许权使用费所得，利息、股息、红利所得，财产租赁所得，财产转让所得，偶然所得，经国务院财政部门确定征税的其他所得。

3. 申报规定

（1）扣缴义务人应指定支付应纳税所得的财务会计部门或其他有关部门的人员为办税人员，由办税人员具体办理个人所得税的代扣代缴工作。

(2) 扣缴义务人依法履行代扣代缴税款时，纳税人不得拒绝。纳税人拒绝的，扣缴义务人应及时报告税务机关处理，并暂时停止支付其应纳税所得。

(3) 纳税人受雇于中国境内的公司、企业和其他经济组织以及政府部门派往境外工作，其所得由境内派出单位支付或负担的，境内派出单位为个人所得税扣缴义务人，税款由境内派出单位负责代扣代缴。

(4) 外国企业驻京办事机构中外籍个人的工资、薪金所得应缴纳的个人所得税，一律由其任职受雇的外国企业驻京办事机构代扣代缴。在中国境内设有机构、场所的外国企业，对其雇员所取得的由境外总机构或关联企业支付的工资、薪金，应由其中国境内所设机构、场所负责代扣代缴个人所得税。

4. 申报时间

扣缴义务人每月扣缴的税款，应当在次月 15 日内缴入国库，并且向主管税务机关报送《扣缴个人所得税报告表》(表 5-1)、代扣代收税款凭证和包括每一纳税人姓名、单位、职务、收入、税款等内容的《支付个人收入明细表》(表 5-2)，以及税务机关要求报送的其他有关资料。

表 5-1　扣缴个人所得税报告表

扣缴义务人编码：

扣缴义务人名称(公章)：　　　　金额单位：元(列至角分)

填表日期：　　年　月　日

序号	纳税人姓名	身份证照类型	身份证照号码	国籍	所得项目	所得期间	收入额	免税收入额	允许扣除的税费	费用扣除标准	准予扣除的捐赠额	应纳税所得额	税率%	速算扣除数	应扣税额	已扣税额	备注
1	2	3	4	5	6	7	8	9	10	11	12	13	14	15	16	17	18
合　计										—	—	—	—	—			

续表

扣缴义务人声明	我声明：此扣缴报告表是根据国家税收法律、法规的规定填报的，我确定它是真实的、可靠的、完整的。 声明人签字：
会计主管签字：　负责人签字：　扣缴单位(或法定代表人)(签章)：	
受理人(签章)：　受理日期：　年　月　日　受理税务机关(章)：	

本表一式二份，一份扣缴义务人留存，一份报主管税务机关。

扣缴个人所得税报告表填表说明如下。

(1) 本表根据《中华人民共和国税收征收管理法》(以下简称《征管法》)及其实施细则、《中华人民共和国个人所得税法》(以下简称《税法》)及其实施条例制定。

(2) 本表适用于扣缴义务人申报扣缴的所得税额。扣缴义务人必须区分纳税人、所得项目逐人逐项明细填写本表。

(3) 扣缴义务人不能按规定期限报送本表时，应当在规定的报送期限内提出申请，经当地税务机关批准，可以适当延长期限。

(4) 扣缴义务人未按规定期限向税务机关报送本表的，依照《征管法》第六十二条的规定，予以处罚。

(5) 填写本表要用中文，也可用中、外两种文字填写。

(6) 表头项目的填写说明如下。

① 扣缴义务人编码：填写税务机关为扣缴义务人确定的税务识别号。

② 扣缴义务人名称：填写扣缴义务人单位名称全称并加盖公章，不得填写简称。

③ 填表日期：是指扣缴义务人填制本表的具体日期。

(7) 本表各栏的填写如下。

① 纳税人姓名：纳税义务人如在中国境内无住所，其姓名应当用中文和外文两种文字填写。

② 身份证照类型：填写纳税人的有效证件(身份证、户口簿、护照、回乡证等)名称。

③ 所得项目：按照《税法》规定项目填写。同一纳税义务人有多项所得时，应分别填写。

④ 所得期间：填写扣缴义务人支付所得的时间。

⑤ 收入额：如支付外币的，应折算成人民币。外币折合人民币时，如为美元、日元和港币，应当按照缴款上一月最后一日中国人民银行公布的人民币基准汇价折算；如为美元、日元和港币以外的其他外币的，应当按照缴款上一月最后一日中国银行公布的人民币外汇汇率中的现钞买入价折算。

⑥ 免税收入额：指按照国家规定，单位为个人缴付和个人缴付的基本养老保险费、基本医疗保险费、失业保险费、住房公积金，按照国务院规定发给的政府特殊津贴、院士津贴、资深院士津贴和其他经国务院批准免税的补贴、津贴等按照《税法》及其实施条例和国家有关政策规定免于纳税的所得。

此栏只适用于工资、薪金所得项目，其他所得项目不得填列。

⑦ 允许扣除的税费：只适用劳务报酬所得、特许权使用费所得、财产租赁所得和财产转让所得项目。

A. 劳务报酬所得允许扣除的税费是指劳务发生过程中实际缴纳的税费；

B. 特许权使用费所得允许扣除的税费是指提供特许权过程中发生的中介费和相关税费；

C. 适用财产租赁所得时，允许扣除的税费是指修缮费和出租财产过程中发生的相关税费；

D. 适用财产转让所得时，允许扣除的税费是指财产原值和转让财产过程中发生的合理税费。

⑧ 除法律、法规另有规定的外，准予扣除的捐赠额不得超过应纳税所得额的30%。

⑨ 已扣税额：是指扣缴义务人当期实际扣缴的个人所得税税款及减免税额。

⑩ 扣缴非本单位职工的税款，须在“备注”栏反映。

⑪ 表间关系：

A. 应纳税额＝应纳税所得额×税率－速算扣除数

B. 应纳税所得额＝收入额(人民币合计)－免税收入额－允许扣除的税费－费用扣除标准－准予扣除的捐赠额

注：全年一次性奖金等特殊政策的应纳税所得额计算除外。

C. 收入额(人民币合计)＝收入额(人民币)＋收入额(外币折合人民币)

⑫ 声明人：填写扣缴义务人名称。

(8) 本表为A4横式。

表5-2 支付个人收入明细表

扣缴义务人编码：□□□□□□□□□□□□□□□□□□□□

扣缴义务人名称(公章)： 金额单位：元(列至角分)

所属期： 年 月 日至 年 月 日 填表日期： 年 月 日

姓名	身份证照类型及号码	收入额						备注
		合计	工资薪金所得	承包、承租所得	劳务报酬所得	利息、股息、红利所得	其他各项所得	
1	2	3	4	5	6	7	8	9
合计								

制表人： 审核人：

支付个人收入明细表填表说明如下。

(1) 本表根据《中华人民共和国税收征收管理法》及其实施细则、《中华人民共和国个人所得税法》及其实施条例制定。各省、自治区、直辖市地方税务局可根据本地实际，本着有利征管、方便纳税人的原则，在本表样的基础上增加栏目和内容。

(2) 适用范围：扣缴义务人向个人支付应税所得，但未达到纳税标准、没有扣缴税款的纳税人情况报送。

(3) "合计"栏填写金额，4+5+6+7+8=3

(4) 非本单位雇员、非本期收入及其他有关事项应在"备注"栏中注明。

(5) "审核人"指单位的财务部门负责人。

(6) 本表为A4横式，填写一式二份，扣缴义务人留存一份，报税务机关一份。

5. 申报地点

（1）凡是办理税务登记或注册税务登记的企业、事业单位及个人，应向其主管税务机关申报纳税。

（2）没有税务登记或注册税务登记的组织机构、场所、个人应按照其隶属关系，分别到所在地税务机关申报缴纳。

6. 代扣代收税款凭证

扣缴义务人在扣缴税款时，必须向纳税人开具税务机关统一印制的代扣代收税款凭证，并且详细注明纳税人姓名、工作单位、家庭住址和身份证或护照号码（无上述证件的，可用其他能有效证明身份的证件）等个人情况。对工资、薪金所得和股息、利息、红利所得等，因纳税人众多、不便一一开具代扣代收税款凭证的，经主管税务机关同意，可不开具，但是应通过一定的形式告知纳税人已扣缴税款。纳税人为持有完税依据而向扣缴义务人索取代扣代收税款凭证的，扣缴义务人不得拒绝。扣缴义务人向纳税人提供非正式扣税凭证的，纳税人可以拒收。

◆ 纳税人自行申报

自行申报纳税是指纳税人（自然人）取得应税所得后，按照税法规定的期限，自行向税务机关申报应纳税收入，填写个人所得税申报表，按税法规定计算并缴纳个人所得税的一种纳税方式。《中华人民共和国个人所得税法实施条例》对纳税人自行申报范围进行了详细规定，纳税义务人有下列情形之一的，应当按照规定办理自行纳税申报：

（1）年所得12万元以上的；

（2）从中国境内两处或者两处以上取得工资、薪金所得的；

（3）从中国境外取得所得的；

（4）取得应税所得，没有扣缴义务人的；

（5）国务院规定的其他情形。

1. 年所得12万元以上自行申报

（1）申报范围

年所得12万元以上的纳税人，无论取得的各项所得是否已足额缴纳了个人所得税，无论代扣代缴单位是否按规定为其进行了个人所得税明细申报，在纳税年度终了后，均应当填写《个人所得税纳税申报表（适用于年所得12万元以上的纳税人申报）》（表5-3），并在办理纳税申报时报送主管税务机关。

表 5-3　个人所得税纳税申报表(适用于年所得 12 万元以上的纳税人申报)

所得年份：　　年　　　填表日期：　　年　月　日　　　金额单位：　　人民币元(列至角分)

纳税人姓名		国籍(地区)		身份证照类型		身份证照号码					
任职、受雇单位		任职、受雇单位税务代码		任职、受雇单位所属行业		职务		职业			
在华天数		境内有效联系地址				境内有效联系地址邮编		联系电话			
此行由取得经营所得的纳税人填写			经营单位纳税人识别码				经营单位纳税人名称				
所得项目	年所得额			应纳税所得额	应纳税额	已缴(扣)税额	抵扣税额	减免税额	应补税额	应退税额	备注
	境内	境外	合计								
1. 工资、薪金所得											
2. 个体工商户的生产、经营所得											
3. 对企事业单位的承包经营、承租经营所得											
4. 劳务报酬所得											
5. 稿酬所得											
6. 特许权使用费所得											

续表

所得项目	年所得额			应纳税所得额	应纳税额	已缴(扣)税额	抵扣税额	减免税额	应补税额	应退税额	备注
	境内	境外	合计								
7. 利息、股息、红利所得											
8. 财产租赁所得											
9. 财产转让所得											
其中:股票转让所得				—	—	—	—	—	—	—	
个人房屋转让所得											
10. 偶然所得											
11. 其他所得											
合　计											
我声明,此纳税申报表是根据《中华人民共和国个人所得税法》及有关法律、法规的规定填报的,我保证它是真实的、可靠的、完整的。 纳税人(签字):											
代理人(签章): 联系电话:											

税务机关受理人(签字):　　　　税务机关受理时间:　　年　　月　　日

受理申报税务机关名称(盖章):

个人所得税纳税申报表填表说明如下。

① 本表根据《中华人民共和国个人所得税法》及其实施条例和《个人所得税自行纳税申报办法(试行)》制定,适用于年所得12万元以上纳税人的年度自行申报。

② 负有纳税义务的个人,可以由本人或者委托他人于纳税年度终了后3个月以内向主管税务机关报送本表。不能按照规定期限报送本表时,应当在规定的报送期限内提出申请,经当地税务机关批准,可以适当延期。

③ 填写本表应当使用中文,也可以同时用中、外两种文字填写。

④ 本表各栏的填写说明如下。

A. 所得年份和填表日期:

申报所得年份:填写纳税人实际取得所得的年度;

填表日期:填写纳税人办理纳税申报的实际日期。

B. 身份证照类型:填写纳税人的有效身份证照(居民身份证、军人身份证件、护照、回乡证等)名称。

C. 身份证照号码:填写中国居民纳税人的有效身份证照上的号码。

D. 任职、受雇单位:填写纳税人的任职、受雇单位名称。纳税人有多个任职、受雇单位时,填写受理申报的税务机关主管的任职、受雇单位。

E. 任职、受雇单位税务代码:填写受理申报的任职、受雇单位在税务机关办理税务登记或者扣缴登记的编码。

F. 任职、受雇单位所属行业:填写受理申报的任职、受雇单位所属的行业。其中,行业应按国民经济行业分类标准填写,一般填至大类。

G. 职务:填写纳税人在受理申报的任职、受雇单位所担任的职务。

H. 职业:填写纳税人的主要职业。

I. 在华天数:由中国境内无住所的纳税人填写在税款所属期内在华实际停留的总天数。

J. 中国境内有效联系地址:填写纳税人的住址或者有效联系地址。其中,中国有住所的纳税人应填写其经常居住地址。中国境内无住所居民住在公寓、宾馆、饭店的,应当填写公寓、宾馆、饭店名称和房间号码。

经常居住地是指纳税人离开户籍所在地最后连续居住一年以上的地方。

K. 经营单位纳税人识别码、纳税人名称:纳税人取得的年所得中含个体工商户的生产、经营所得和对企事业单位的承包经营、承租经营所得时填写本栏。

纳税人识别码：填写税务登记证号码。

纳税人名称：填写个体工商户、个人独资企业、合伙企业名称或者承包、承租经营的企事业单位名称。

L. 年所得额：填写在纳税年度内取得相应所得项目的收入总额。年所得额按《个人所得税自行纳税申报办法》的规定计算。

各项所得的计算，以人民币为单位。所得以非人民币计算的，按照《个人所得税法实施条例》第四十三条的规定折合成人民币。

M. 应纳税所得额：填写按照个人所得税有关规定计算的应当缴纳个人所得税的所得额。

N. 已缴(扣)税额：填写取得该项目所得在中国境内已经缴纳或者扣缴义务人已经扣缴的税款。

O. 抵扣税额：填写《个人所得税法》允许抵扣的在中国境外已经缴纳的个人所得税税额。

P. 减免税额：填写《个人所得税法》允许减征或免征的个人所得税税额。

Q. 本表为A4横式，一式两联，第一联报税务机关留存，第二联纳税人留存。

(2) 申报时间

年所得12万元以上的纳税人，在纳税年度终了后3个月内向主管税务机关办理纳税申报。

(3) 申报地点

在中国境内有任职、受雇单位的，向任职、受雇单位所在地主管税务机关申报。

在中国境内有两处或者两处以上任职、受雇单位的，选择并固定向其中一处单位所在地主管税务机关申报。

在中国境内无任职、受雇单位，年所得项目中有个体工商户的生产、经营所得或者对企事业单位的承包经营、承租经营所得(以下统称生产、经营所得)的，向其中一处实际经营所在地主管税务机关申报。

在中国境内无任职、受雇单位，年所得项目中无生产、经营所得的，向户籍所在地主管税务机关申报。在中国境内有户籍，但户籍所在地与中国境内经常居住地不一致的，选择并固定向其中一地主管税务机关申报。在中国境内没有户籍的，向中国境内经常居住地主管税务机关申报。

2. 日常自行申报

(1) 申报范围：

① 从中国境内两处或者两处以上取得工资、薪金所得的；

② 从中国境外取得所得的；

③ 取得应税所得，没有扣缴义务人的；

④ 国务院规定的其他情形。

（2）申报时间：

① 工资、薪金所得的应纳税款，按月计征，由纳税人在次月15日内缴入国库，并且向税务机关报送个人所得税纳税申报表。采掘业、远洋运输业、远洋捕捞业等特定行业的纳税人，其工资、薪金所得应纳的税款，考虑其工作的特殊性，可以实行按年计算，分月预缴的方式计征，自年度终了之日起30日内，合计全年工资、薪金所得，再按12个月平均并计算实际应纳的税款，多退少补。

② 对于账册健全的个体工商户，其生产、经营所得应纳的税款实行按年计算、分月预缴，由纳税人在次月15日内申报预缴，年度终了后3个月汇算清缴，多退少补。对账册不健全的个体工商户，其生产、经营所得的应纳税款，由税务机关依据《中华人民共和国税收征收管理法》自行确定征收方式。

③ 纳税人年终一次性取得承包经营、承租经营所得的，自取得收入之日起30日内申报纳税；在一年内分次取得承包经营、承租经营所得的，应在取得每次所得后的15日内预缴税款，年度终了后3个月内汇算清缴，多退少补。

④ 劳务报酬、稿酬、特许权使用费、利息、股息、红利、财产租赁、财产转让所得和偶然所得等，按次计征。取得所得的纳税人应当在次月15日内将应纳税款缴入国库，并向税务机关报送个人所得税纳税申报表。

⑤ 个人从中国境外取得所得的，其来源于中国境外的应纳税所得，在境外以纳税年度计算缴纳个人所得税的，应在所得来源国的纳税年度终了、结清税款后的30日内，向中国主管税务机关申报纳税；在取得境外所得时结清税款的，或者在境外按所得来源国税法规定免予缴纳个人所得税的，应当在次年1月1日起30日内，向中国主管税务机关申报纳税。

（3）申报地点：

① 从两处或者两处以上取得工资、薪金所得的，选择并固定向其中一处单位所在地主管税务机关申报。

② 从中国境外取得所得的，向中国境内户籍所在地主管税务机关申报。在中国境内有户籍，但户籍所在地与中国境内经常居住地不一致的，选择并同定向其中一地主管税务机关申报。在中国境内没有户籍的，向

中国境内经常居住地主管税务机关申报(经常居住地,是指纳税人离开户籍所在地最后连续居住一年以上的地方)。

③ 独资合伙企业投资者应向企业税务登记注册地主管税务机关申报预缴或缴纳个人所得税,并办理汇算清缴。个人独资、合伙企业投资者兴办两个或两个以上企业的,区分不同情形确定纳税申报地点：兴办的企业全部是个人独资性质的,分别向各企业的实际经营管理所在地主管税务机关申报;兴办的企业中含有合伙性质的,向经常居住地主管税务机关申报;兴办的企业中含有合伙性质,个人投资者经常居住地与其兴办企业的经营管理所在地不一致的,选择并固定向其参与兴办的某一合伙企业的经营管理所在地主管税务机关申报,除特殊情况外,5 年以内不得变更。

④ 个体工商户向实际经营所在地主管税务机关申报。

除以上情形外,纳税人应当向取得所得所在地主管税务机关申报。纳税人不得随意变更纳税申报地点,因特殊情况变更纳税申报地点的,须报原主管税务机关备案。

相关知识

◆ 纳税申报方式简要说明

纳税申报方式是纳税人、扣缴义务人向税务机关报送有关资料,履行纳税申报义务的具体方式。纳税申报方式主要有直接申报、邮寄申报、数据电文申报、银行网点申报和代理申报等,如表 5-4 所示。

表 5-4　纳税申报方式说明表

序号	申报方式	说明
1	直接申报	直接申报又称上门申报,是纳税人、扣缴义务人在税务机关规定的期限内,直接到税务机关办理纳税手续的申报方式,这是一种传统的申报方式。
2	邮寄申报	邮寄申报是指经税务机关批准的纳税人使用统一规定的纳税申报特快专递信封,通过邮政部门办理交寄手续,并向邮政部门索取收据作为申报凭证的方式。邮寄申报以寄出的邮戳日期为实际申报日期。
3	数据电文申报	数据电文申报是指纳税人通过电话语音、电子数据交换和网络传输等电子方式向税务机关办理纳税申报的申报方式。

续表

序号	申报方式	说明
4	银行网点申报	银行网点申报是指对实行定期定额征收方式的纳税人通过与税务机关建立信息交换机制的银行网点，利用金融部门计算机网络通存通兑功能，预储税款并按照税务机关批准的简易申报、简并征期方式直接划卡的申报方式。
5	代理申报	代理申报是指纳税人根据税法规定，委托中介机构税务代理人代为办理纳税申报事宜。税务代理人和被代理人双方以自愿为原则，并按法律规定签订税务代理协议书。

◆ **纳税人与扣缴义务人向税务机关双向申报制度**

（1）纳税人与扣缴义务人向税务机关双向申报制度是指纳税人与扣缴义务人按照法律、行政法规规定和税务机关依照法律、行政法规所提出的要求，分别向主管税务机关办理纳税申报，税务机关对纳税人和扣缴义务人提供的收入、纳税信息进行交叉比对、核查的一项制度。

（2）对税法及其实施条例，以及相关法律、法规规定纳税人必须自行申报的，税务机关应要求其自行向主管税务机关进行纳税申报。

（3）税务机关接受纳税人、扣缴义务人的纳税申报时，应对申报的时限、应税项目、适用税率、税款计算及相关资料的完整性和准确性进行初步审核，发现有误的，应及时要求纳税人、扣缴义务人修正申报。

（4）税务机关应对双向申报的内容进行交叉比对和评估分析，从中发现问题并及时依法处理。

5.2 纳税人、扣缴义务人的基本权利与法律责任

要 点

《中华人民共和国税收征收管理法》对个人所得税纳税人、扣缴义务人的法律责任作了详细的规定，本节主要对此进行介绍。

解 释

◆ **纳税人、扣缴义务人的基本权利**

（1）纳税人、扣缴义务人依法享有知情权。

纳税人、扣缴义务人享有了解行政机关从事管理活动的依据的权利

和行政行为程序的权利。

(2) 纳税人、扣缴义务人依法享有利益保障权。

纳税人、扣缴义务人有权请求税务机关对其商业秘密、个人隐私等合法权益的相关情况予以保密。

(3) 纳税人、扣缴义务人依法享有减税、免税、退税请求权。

(4) 纳税人、扣缴义务人依法享有参与行政程序,请求司法救济和国家赔偿的权利。

(5) 纳税人、扣缴义务人依法享有控告、检举权。

◆ **纳税人、扣缴义务人的法律责任**

(1) 属于2001年5月1日前发生的应税行为,若纳税人拒绝履行纳税义务,扣缴义务人应当及时报告税务机关处理,并且暂时停止支付其应纳税所得额。否则,纳税人应缴纳的税款由扣缴义务人补缴。同时,扣缴义务人还要承担应扣未扣、应收未收的税款应缴纳的滞纳金或罚款。扣缴义务人应补缴的税款按以下公式计算:

应纳税所得额=(支付的收入额-费用扣除标准-速算扣除数)÷(1-税率)

应纳税额=应纳税所得额×适用税率-速算扣除数

(2) 属于2001年5月1日后发生的应税行为,按照新的《中华人民共和国税收征收管理法》进行处理:扣缴义务人应扣未扣、应收而不收税款的,由税务机关向纳税人追缴税款,对扣缴义务人处应扣未扣、应收未收税款50%以上3倍以下的罚款;纳税人、扣缴义务人逃避、拒绝或者以其他方式阻挠税务机关检查的,由税务机关责令改正,可以处1万元以下的罚款;情节严重的,处1万元以上5万元以下的罚款。

(3) 扣缴义务人的法人代表(或单位主要负责人)、财会部门的负责人以及具体办理代扣代缴税款的有关人员,共同对依法履行代扣代缴义务负法律责任。根据税法规定,扣缴义务人有偷税或者抗税行为的,除依法追缴税款,处以罚款(罚金)以外,对情节严重的,还应追究直接责任人的刑事责任。

相关知识

◆ **行政机关和事业单位依法履行扣缴义务人职责规定**

根据《个人所得税法》和有关政策规定,行政机关、事业单位代扣代缴个人所得税应实行全员全额扣缴申报,将财政部门(或机关事务管理、人事等部门)及本单位内部当期向职工发放的所有工资、津贴、补贴和奖金等收入进行合并计算应扣缴的个人所得税,按时向主管税务机关报送《扣缴个人所得税报告表》、代扣代收税款凭证、《支付个人收入明细表》以及税务机关要求报送的其他有关资料,切实履行扣缴个人所得税义务。

5.3 部分行业征税管理工作的规定

要 点

本节主要介绍高收入者的征税管理、律师事务所从业人员的征税管理、医疗机构的征税管理以及股权转让所得的征税管理。

解 释

◆ 高收入者的征税管理

1. 高收入行业以及个人的基本情况

了解高收入行业和个人的基本情况是做好个人所得税征收管理、强化对高收入者调节力度的基础。目前一些地区对这方面的情况不明、底数不清,直接影响个人所得税的征管和对高收入者的调节。

(1) 据调查分析,当前高收入行业和单位主要包括:

① 电力、电信、金融、保险、证券、石油、石化、烟草、航空、铁路、房地产、城市供水、供气等行业。

② 律师事务所、会计师事务所、审计师事务所、税务师事务所和评估师事务所等中介机构。

③ 足球俱乐部。

④ 高新技术企业和新兴产业。

⑤ 外商投资企业、外国企业和外国驻华代表机构。

⑥ 高等院校。

⑦ 星级饭店。

⑧ 娱乐业企业。

⑨ 效益好的其他企事业单位。

(2) 高收入个人主要包括:

① 规模较大的私营企业主、个人独资企业和合伙企业投资者,个体工商大户。

② 企业承包、承租人员和供销人员。

③ 建筑工程承包人。

④ 企事业单位的管理人员、董事会和监事会成员。

⑤ 演员、时装模特、足球教练员和运动员。

⑥ 文艺、体育和经济活动的经纪人。

⑦ 独立或合伙执业的律师、会计师、审计师、税务师、评估师。

⑧ 大、中学教师。

⑨ 医生、导游、美容美发师、厨师、股评人、乐手(师)、音响师、装饰装修设计师等具有专业特长的自由职业者。

各级征管单位应对上述高收入行业和个人进行全面的摸底调查,切实掌握这些行业中每一户企业的生产经营规模、从业人员数量、收入分配形式、发放收入项目和数额、扣缴个人所得税等情况,准确掌握以上高收入个人的收入项目、收入形式、经济活动特点等基本情况。在此基础上,对这些行业和个人建立专门档案,实行重点管理。

2. 高收入者的征税管理

2010 年 5 月,国家税务总局下发了《关于进一步加强高收入者个人所得税征收管理的通知》(国税发[2010]54 号),各级税务机关采取有效措施,认真贯彻落实,取得积极成效。根据党的十七届五中全会通过的《中共中央关于制定国民经济和社会发展第十二个五年规划的建议》(以下简称《建议》)和十一届全国人民代表大会四次会议批准的《中华人民共和国国民经济和社会发展第十二个五年规划纲要》(以下简称《纲要》)对税收调节收入分配的有关要求,现就进一步做好高收入者个人所得税征管工作通知如下。

首先,充分认识新形势下加强高收入者个人所得税征管的重要意义。

党中央、国务院对收入分配问题高度重视,强调要合理调整收入分配关系。税收具有调节收入分配的重要功能,《建议》要求“加强税收对收入分配的调节作用,有效调节过高收入”。《纲要》提出要“完善个人所得税征管机制”,“加大对高收入者的税收调节力度”。做好高收入者个人所得税征管工作,对于有效地发挥税收调节收入分配的职能作用,促进社会公平正义与和谐稳定,具有重要意义。各级税务机关要认真贯彻落实党中央、国务院的部署和要求,将加强高收入者个人所得税征管作为当前和今后一个时期的一项重点工作,进一步强化征管基础,完善征管手段,创新管理和服务方式,为加快形成合理有序的收入分配格局做出积极努力。

其次,不断完善高收入者主要所得项目的个人所得税征管。

各级税务机关要继续贯彻落实国税发[2010]54 号文件规定,以非劳动所得为重点，依法进一步加强高收入者主要所得项目征管。

（1）加强财产转让所得的征管。

① 完善自然人股东股权（份）转让所得征管。

A. 积极与工商行政管理部门合作，加强对个人转让非上市公司股权所得征管。重点做好平价或低价转让股权的核定工作，建立电子台账，记录股权转让的交易价格和税费情况，强化财产原值管理。

B. 加强个人对外投资取得股权的税源管理，重点监管上市公司在上市前进行增资扩股、股权转让、引入战略投资者等行为的涉税事项，防止税款流失。

C. 与相关部门密切配合，积极做好个人转让上市公司限售股个人所得税征管工作。

② 加强房屋转让所得和拍卖所得征管。

A. 搞好与相关部门的配合，加强房屋转让所得征管，符合查实征收条件的，坚持实行查实征收；确实不符合查实征收条件的，按照有关规定严格核定征收。

B. 加强与本地区拍卖单位的联系，掌握拍卖所得税源信息，督促拍卖单位依法代扣代缴个人所得税。

③ 抓好其他形式财产转让所得征管。重点是加强个人以评估增值的非货币性资产对外投资取得股权（份）的税源管理，完善征管链条。

（2）深化利息、股息、红利所得的征管。

① 加强企业分配股息、红利的扣缴税款管理，重点关注以未分配利润、盈余公积和资产评估增值转增注册资本和股本的征管，堵塞征管漏洞。

② 对投资者本人及其家庭成员从法人企业列支消费支出和借款的，应认真开展日常税源管理和检查，对其相关所得依法征税。涉及金额较大的，应核实其费用凭证的真实性、合法性。

③ 对连续盈利且不分配股息、红利或者核定征收企业所得税的企业，其个人投资者的股息、红利等所得，应实施重点跟踪管理，制定相关征管措施。同时，加强企业注销时个人投资者税收清算管理。

④ 对企业及其他组织向个人借款并支付利息的，应通过核查相关企业所得税前扣除凭证等方式，督导企业或有关组织依法扣缴个人所得税。

（3）完善生产经营所得的征管。

① 重点加强规模较大的个人独资、合伙企业和个体工商户的生产经营所得的查账征收管理；难以实行查账征收的，依法严格实行核定征收。

对律师事务所、会计师事务所、税务师事务所、资产评估和房地产估价等鉴证类中介机构，不得实行核定征收个人所得税。

② 对个人独资企业和合伙企业从事股权（票）、期货、基金、债券、外汇、贵重金属、资源开采权及其他投资品交易取得的所得，应全部纳入生产经营所得，依法征收个人所得税。

③ 将个人独资企业、合伙企业和个体工商户的资金用于投资者本人、家庭成员及其相关人员消费性支出和财产性支出的，严格按照相关规定计征个人所得税。

④ 加强个人独资、合伙企业和个体工商户注销登记管理，在其注销登记前，主管税务机关应主动采取有效措施处理好有关税务事项。

再次，继续加强高收入行业和人群的个人所得税征管。

(1) 加强以非劳动所得为主要收入来源人群的征管。

密切关注持有公司大量股权、取得大额投资收益以及从事房地产、矿产资源投资、私募基金、信托投资等活动的高收入人群，实行重点税源管理。

(2) 做好高收入行业工薪所得的征管工作。

① 深化高收入行业工薪所得扣缴税款管理。重点关注高收入行业企业的中高层管理人员各项工资、薪金所得，尤其是各类奖金、补贴、股票期权和限制性股票等激励所得。

② 加强高收入行业企业扣缴个人所得税的工资、薪金所得总额与企业所得税申报表中工资费用支出总额的比对，强化企业所得税和个人所得税的联动管理。

③ 对以各种发票冲抵个人收入，从而偷逃个人所得税的行为，严格按照《税收征管法》的规定予以处罚。

(3) 对纳税人从两处或两处以上取得工资、薪金所得，应通过明细申报数据等信息汇总比对，加强纳税人自行申报纳税管理。

(4) 完善数额较大的劳务报酬所得征管。

① 督促扣缴义务人依法履行扣缴义务，与有关部门密切合作，及时获取相关劳务报酬支付信息，重点加强数额较大劳务报酬所得的征管。

② 加强对个人从事影视表演、广告拍摄及形象代言等获取所得的源泉控管，重点做好相关人员通过设立艺人工作室、劳务公司及其他形式的企业或组织取得演出收入的所得税征管工作。

(5) 加强高收入外籍个人取得所得的征管。

① 进一步建立和充实外籍个人管理档案，掌握不同国家、不同行业、不同职位的薪酬标准，加强来源于中国境内、由境外机构支付所得的管

理。充分利用税收情报交换和对外支付税务证明审核等信息,加强在中国境内无住所但居住超过5年的个人境外所得税收征管。

② 加强外籍个人提供非独立劳务取得所得的征管,抓好对由常设机构或固定基地负担外籍个人报酬的监管,防范税收协定滥用。

再其次,建立健全高收入者应税收入监控体系。

加强税务机关内部和外部涉税信息的获取与整合应用。通过各类涉税信息的分析、比对,掌握高收入者经济活动和税源分布特点、收入获取规律等情况,有针对性地加强高收入者个人所得税征管。

(1) 强化税源管理基础

① 按照国家税务总局的统一部署和要求,通过推广应用个人所得税管理信息系统等手段,加强扣缴义务人全员全额扣缴明细申报管理,建立健全个人纳税档案。

② 推进年所得12万元以上纳税人自行纳税申报常态化管理,不断提高申报数据质量,加强申报补缴税款管理。

③ 逐步建立健全自行纳税申报和全员全额扣缴申报信息交叉稽核机制,完善高收入者税源管理措施。

④ 国税局和地税局密切配合,健全信息传递和反馈机制,形成征管工作合力。

(2) 建立协税护税机制

① 根据《税收征管法》的规定,加强税务机关与公安、工商、银行、证券、房管、外汇管理、人力资源和社会保障等相关部门与机构的协作,共享涉税信息,完善配套措施。

② 积极争取地方政府的支持,建立健全政府牵头的涉税信息共享机制,明确相关部门协税护税的责任和义务。

最后,深入开展纳税服务、纳税评估和专项检查。

各级税务机关要通过改进纳税服务,深化纳税评估,加强专项检查,促进纳税人依法诚信纳税。

(1) 不断优化纳税服务

积极为纳税人提供多渠道、便捷化的申报纳税服务。了解纳税人的涉税诉求,提高咨询回复质量和效率。有针对性地对高收入者进行税法宣传和政策辅导,引导其主动申报、依法纳税。认真贯彻落实税务总局有关工作要求,继续做好为纳税人开具完税证明工作。严格执行为纳税人收入和纳税信息保密的有关规定,维护纳税人合法权益。

(2) 切实加强日常税源管理和评估

坚持开展高收入者个人所得税日常税源管理，充分利用相关信息，科学设定评估指标，创新评估方法，积极开展纳税评估。对纳税评估发现的疑点，应进行跟踪核查、约谈；发现纳税人涉嫌税收违法行为的，应及时移交稽查部门立案检查。

(3) 扎实做好个人所得税专项检查工作

按照国家税务总局的统一部署，认真开展个人所得税专项检查。同时，结合本地征管实际，选取部分高收入者比较集中的行业，切实搞好专项检查。加强税政、征管、稽查等部门的协调配合，及时提供违法线索，依法严厉查处。

各级税务机关要加强组织领导，认真做好高收入者个人所得税征管工作，并将其作为税收工作考核的重要内容。主动向地方政府汇报，加强与相关部门的沟通，争取各方面的支持和配合。根据国家税务局《关于切实加强高收入者个人所得税征管的通知》(国税发[2011]50号)精神，结合实际制订具体实施方案。进一步研究强化基础工作、创新管理方式、完善征管手段、搞好税法宣传的有效措施，不断提高个人所得税征管水平。

◆ 律师事务所从业人员的征税管理

为了规范和加强律师事务所从业人员个人所得税的征收管理，根据国税发[2000]149 号文件规定，自 2000 年 1 月 1 日起，对律师事务所从业人员个人所得税的征收管理按以下规定处理。

(1) 律师个人出资兴办的独资和合伙性质的律师事务所的年度经营所得，从 2000 年 1 月 1 日起，停止征收企业所得税，作为出资律师的个人经营所得，按照有关规定，比照“个体工商户的生产、经营所得”应税项目征收个人所得税。在计算其经营所得时，出资律师本人的工资、薪金不得扣除。

(2) 合伙制律师事务所应将年度经营所得全额作为基数，按出资比例或者事先约定的比例计算各合伙人应分配的所得，据以征收个人所得税。

(3) 律师个人出资兴办的律师事务所，凡有《中华人民共和国税收征收管理法》第二十三条所列情形之一的，主管税务机关有权核定出资律师个人的应纳税额。

(4) 对律师业雇员的计税规定参见 2.2 节中“律师业工资、薪金所得的计税规定”的相关内容。

(5) 律师以个人名义再聘请其他人员为其工作而支付的报酬，应由该律师按“劳务报酬所得”应税项目负责代扣代缴个人所得税。为了便于操作，税款可由其任职的律师事务所代为缴入国库。

(6) 律师从接受法律事务服务的当事人处取得的法律顾问费或其他酬金，均按“劳务报酬所得”应税项目征收个人所得税，税款由支付报酬的单位或个人代扣代缴。

(7) 律师事务所从业人员个人所得税的征收管理，按照《中华人民共和国个人所得税法》及其实施条例，《中华人民共和国税收征收管理法》及其实施细则和《个人所得税代扣代缴暂行办法》、《个人所得税自行申报纳税暂行办法》等有关法律、法规、规章的规定执行。

◆ 医疗机构的征税管理

根据财税[2003]109号文件规定，自2003年1月1日起，对医疗机构有关征免个人所得税问题，按以下规定执行。

(1) 财政部、国家税务总局《关于医疗卫生机构有关税收政策的通知》(财税[2000]42号)规定的对非营利的医疗机构按照国家规定的价格取得的医疗服务收入免征各项税收，仅指机构自身的各项税收，不包括个人从医疗机构取得所得应纳的个人所得税。按照《中华人民共和国个人所得税法》的规定，个人取得应税所得，应依法缴纳个人所得税。

(2) 个人因在医疗机构(包括营利性医疗机构和非营利性医疗机构)任职而取得的所得，依据《中华人民共和国个人所得税法》的规定，应按照“工资、薪金所得”应税项目计征个人所得税。

对于非典型肺炎疫情发生期间，在医疗机构任职的个人取得的特殊临时性工作补助等所得，按照《财政部、国家税务总局关于非典型肺炎疫情发生期间个人取得的特殊临时性工作补助等所得免征个人所得税问题的通知》(财税[2003]101号)的规定执行。

(3)、(4) 参见3.9节中“医生承包、承租经营医疗机构取得所得的计税规定”的相关内容。

对残疾人、转业军人、随军家属和下岗职工等投资开设医院(诊所)而取得的收入，仍按现行相关政策执行。

◆ 股权转让所得的征税管理

(1) 股权交易各方在签订股权转让协议并完成股权转让交易以后至企业变更股权登记之前，负有纳税义务或代扣代缴义务的转让方或受让方，应到主管税务机关办理纳税(扣缴)申报，并且持税务机关开具的股权转让所得缴纳个人所得税完税凭证或免税、不征税证明，到工商行政管理部门办理股权变更登记手续。

(2) 股权交易各方已签订股权转让协议，但是未完成股权转让交易的，企业在向工商行政管理部门申请股权变更登记时，应填写《个人股东变动情况报告表》(表格式样和联次由各省地税机关自行设计)并向主管税务机关申报。

(3) 个人股东股权转让所得个人所得税以发生股权变更企业所在地地税机关为主管税务机关。纳税人或扣缴义务人应到主管税务机关办理纳税申报和税款入库手续。主管税务机关应按照《中华人民共和国个人所得税法》和《中华人民共和国税收征收管理法》的规定，获取个人股权转让信息，对股权转让涉税事项进行管理、评估和检查，并且对其中涉及的税收违法行为依法进行处罚。

(4) 税务机关应加强对股权转让所得计税依据的评估和审核。对扣缴义务人或纳税人申报的股权转让所得相关资料应认真审核，判断股权转让行为是否符合独立交易原则，是否符合合理性经济行为及实际情况。

对申报的计税依据明显偏低(例如平价和低价转让等)且无正当理由的，主管税务机关可参照每股净资产或个人股东享有的股权比例所对应的净资产份额核定。

(5) 税务机关要建立股权转让所得征收个人所得税内部控管机制。税务机关应建立股权转让所得个人所得税电子台账，对所辖企业个人股东逐户登记，将个人股东的相关信息录入计算机系统，实施动态管理。税务机关内部各部门分别负责信息获取、评估和审核、税款征缴入库和反馈检查等环节的工作，各部门应加强联系，密切配合，形成完整的管理链条。

(6) 各地税务机关要高度重视股权转让所得个人所得税征收管理，采取有效措施，积极主动地开展工作。要争取当地党委、政府的支持，加强与工商行政管理部门的联系和协作，定期主动从工商行政管理机关取得股权变更登记信息。要向纳税人、扣缴义务人和发生股权变更的企业做好相关税法及政策的宣传和辅导工作，保证税款及时、足额入库。

相关知识

◆ 提高了个人缴纳增值税、营业税的起征点后，个人所得税的征税管理

根据《中华人民共和国个人所得税法》及其实施条例的规定，纳税人取得的个体工商户的生产、经营所得和对企事业单位的承包经营、承租经营所得，均应依法缴纳个人所得税。对未达到增值税、营业税起征点的纳税人，除税收政策规定的以外，一律不得免征个人所得税。

根据国税发[2003]80号文件规定，增值税、营业税起征点提高后，对采取核定征税办法的纳税人（包括按综合征收率或按应缴纳流转税的一定比例附征个人所得税等的纳税人），可依据《中华人民共和国税收征收管理法》和《中华人民共和国个人所得税法》的有关规定，结合增值税和营业税起征点提高后纳税人所得相应增加的实际情况，本着科学、合理、公开的原则，重新核定纳税人的个人所得税定额。

对原按照应缴纳流转税的一定比例附征个人所得税的纳税人，增值税、营业税起征点提高后不再缴纳增值税、营业税，而仍须缴纳个人所得税的，应改变原附征方法，重新确定与新情况相适应的个人所得税核定征收方法。

实例详解

【例 5-1】 假定周某在 2012 年 3 月承包了沈阳市某公司投资的饭店，双方签订了三年（第一年为 10 个月）承包经营合同，根据合同规定，周某每年向公司交承包费 100 000 元，盈亏自负。经 2012 年底结算，饭店税后盈利 180 000 元，周某按约定上交公司承包费 100 000 元，自己获得承包收入 8 万元，周某应缴纳个人所得税多少元？

【分析】 周某第一年取得承包收入 80 000 元，应扣除必要费用后计算应纳税额。

应纳税所得额＝80 000－3 500×10＝45 000（元）

应纳税额＝45 000×20％－3 750＝5 250（元）

周某 2012 年应缴纳个人所得税 5 250 元。

实战训练

一、单项选择题

1. 税法规定不适用代扣代缴方式纳税的项目是（　　）。

A. 对企业单位承包经营所得　　B. 对事业单位承租经营所得

C. 财产租赁所得　　D. 个体户生产经营所得

2. 税务机关应根据扣缴义务人所扣缴的税款，付给（　　）的手续费。

A. 2％　　B. 1％

C. 5%　　　　D. 10%

3. 根据《个人所得税法》规定，在中国境内两处或两处以上取得的工资、薪金所得，其申报纳税地点的选择是(　　)。

A. 收入来源地

B. 税务局指定地点

C. 纳税人户籍所在地

D. 纳税人选择并固定在其中一地税务机关

4. 采掘业、远洋运输业、远洋捕捞业等特定行业的纳税人，其工资、薪金所得应纳的税款，考虑其工作的特殊性，可以实行按年计算，分月预缴的方式计征，自年度终了之日起(　　)日内，合计全年工资、薪金所得，再按 12 个月平均并计算实际应纳的税款，多退少补。

A. 7　　　　B. 10

C. 15　　　　D. 30

5. 下列所得中，以一个月内取得的收入为一次进行纳税的是(　　)。

A. 财产转让所得　　　　B. 稿酬所得

C. 利息所得　　　　D. 财产租赁所得

二、多项选择题

1. 个人所得税的申报纳税方式主要有(　　)。

A. 由本人直接申报纳税

B. 委托他人代为申报纳税

C. 采用转账方式在规定的申报期内申报纳税

D. 采用邮寄方式在规定的申报期内申报纳税

2. 下列各项中，纳税人应当自行申报缴纳个人所得税的有(　　)。

A. 年所得 12 万元以上的

B. 从中国境外取得所得的

C. 取得应税所得没有扣缴义务人的

D. 从中国境内两处或者两处以上取得工资、薪金所得的

3. 下列选项中，符合个人所得税纳税申报期限规定的包括(　　)。

A. 取得劳动报酬所得的纳税人应当在次月 15 日内将应纳税款缴入国库，并且向税务机关报送个人所得税纳税申报表

B. 工资、薪金所得的应纳税款，按月计征，由纳税人在次月 15 日内缴入国库，并且向税务机关报送个人所得税纳税申报表

C. 账册健全的个体工商户，其生产、经营所得应纳的税款实行按年

计算、分月预缴，由纳税人在次月15日内申报预缴，年度终了后3个月汇算清缴，多退少补

D. 纳税人在一年内分次取得承包经营、承租经营所得的，应当在取得每次所得后的15日内预缴税款，年度终了后4个月内汇算清缴，多退少补

4. 扣缴义务人档案的内容来源于(　　)。

A. 代扣代收税款凭证

B. 纳税人税务登记情况

C.《扣缴个人所得税报告表》和《支付个人收入明细表》

D. 税务机关的纳税检查情况和处罚记录

5. 个人所得税自行申报的纳税人有(　　)。

A. 从两处或两处以上取得工资、薪金的

B. 取得应纳税所得，没有扣缴义务人的

C. 中国境内取得应税所得的

D. 取得应纳税所得，扣缴义务人未按规定扣缴税款的

三、判断题

1. 采取邮寄申报纳税的，以寄出地的邮戳日期为实际申报日期。(　　)

2. 特许权使用费、利息、股息、红利、财产租赁、财产转让所得和偶然所得等，按次计征。取得所得的纳税人应当在次月15日内将应纳税款缴入国库，并且向税务机关报送个人所得税纳税申报表。(　　)

3. 扣缴义务人应扣未扣、应收而不收税款的，由税务机关向纳税人追缴税款，对扣缴义务人处应扣未扣、应收未收税款50%以上2倍以下的罚款。(　　)

4. 纳税人、扣缴义务人逃避、拒绝或者以其他方式阻挠税务机关检查的，由税务机关责令改正，可以处1万元以下的罚款；情节严重的，处1万元以上3万元以下的罚款。(　　)

5. 纳税人要求变更申报纳税地点的，无须经原主管税务机关备案。(　　)

四、计算题

1. 2011年10月李某办理了内部退养手续，从原任职单位取得了一次性收入60 000元，另取得10月份工资3 200元。李某离正式退休时间还有20个月，如何计算李某10月份的个人所得税？

办理内部退养手续后，李某每月从原单位领取1 500元工资，同时自

2011 年 9 月起又到一家外资企业任职，月工资 2 300 元，李某 2011 年 9 月应缴纳多少个人所得税？

2. 舞蹈演员小美于 2011 年 9 月在北京某剧院参加两场演出，从主办方 A 公司取得演出费 12 000 元，从主办方 B 公司取得演出费 8 000 元，当月还应邀到 C 公司为其员工做形体培训，取得报酬 6 000 元，4 月份小美的劳务报酬收入应缴纳多少个人所得税？

第6章

个人所得税的节税技巧

6.1 个人所得税的节税技巧

要 点

争取更多的税前扣除、避开高税率区、实现所得形式的相互转换、有效地选择或改变纳税义务是个人所得税节税技巧的关键所在，通过学习本节内容，希望对广大读者有所帮助。

解 释

◆ **通过工资福利化措施进行节税**

由于工资、薪金的个人所得税实行超额累进税率，当工资、薪金的数额提高到一定程度，尤其是接近累进点时，新增的工资、薪金中能够为个人所支配的部分(税后工资)会相对减少。此时，如果雇用单位把员工的显性工资转变成隐形工资(为其提供必要的福利待遇)的形式，既可以增加员工的收入，又可以使员工少缴纳个人所得税。

具体可通过为员工提供免费膳食、提供车辆供员工使用、为员工提供假期旅游报销等工资福利化措施来进行纳税筹划。这些对于任职单位来讲，并未多增加费用支出，但是对于员工个人，既享受了任职单位所提供的福利设施，又增加了实际收入，同时还节减了税款。

◆ **通过改变薪酬形式进行节税**

年薪制是以年度为单位，依据企业的生产经营规模和经营业绩，确定并支付经营者年薪的分配方式。税法针对实行年薪制的企事业单位经营者取得的绩效薪酬规定了相应的计税办法，这为纳税人进行相关的纳税筹划提供了空间。

实行年薪制的企事业单位经营者的薪酬一般分为年度薪酬和任期中长期激励。年度薪酬由基薪和绩效薪酬构成。基薪是企事业单位经营者年度的基本收入，主要根据本企业的平均工资水平等因素确定，按月发放，不与业绩考核结果挂钩。绩效薪酬以基薪为基数，根据年度经营业绩考核结果按有关规定计算并一次性提取，一次性兑现或采取部分延期兑现方式。

实行年薪制薪酬管理办法的企事业单位负责人每月取得基薪，除全年一次性奖金以外的其他各种名目奖金、补贴等，一律与当月工资、薪金收入合并，按税法规定缴纳个人所得税。税款由单位代扣代缴。企事业单位经营者根据考核结果，取得绩效薪酬、全年一次性奖金时，可单独作为一个月工资、薪金所得计算纳税。年底的“双薪”原来也可单独作为一个月工资，但按有关最新政策，改为与12月工资薪金合并纳税。此外，可依据《国家税务总局关于调整个人取得全年一次性奖金等计算征收个人所得税方法问题的通知》(国税发[2005]9号)、国家税务总局《关于雇主为雇员承担全年一次性奖金部分税款有关个人所得税计算方法问题的公告》(国家税务总局公告2011年第28号)的规定计算个人所得税。值得注意的是，每一个纳税人在一个纳税年度内对该计税办法只允许采用一次。但对实行年薪制的企事业单位经营者在一个纳税年度内分次取得或兑现的绩效薪酬可合并为一次计税。

◆ 企业在设立时，通过纳税筹划进行节税

从组织形式上看，企业可以分为法人企业和非法人企业两种类型。目前，我国对非法人企业中的个人独资企业和合伙企业停止征收企业所得税，对其投资者的生产经营所得，比照个体工商户的生产、经营所得征收个人所得税。因此，企业在设立时，合理地选择企业的设立形式，也是一种常见的纳税筹划方式。

◆ 通过缩短折旧年限进行节税

税法中规定的折旧制度是影响应纳税所得额的一个重要的税收因素。按照现行会计制度的规定，固定资产折旧是指在固定资产使用寿命内，按照确定的方法对应计折旧额进行的系统分摊。对于个体工商户、个人独资企业和合伙企业而言，如果能够通过加速折旧的办法，缩短折旧年限，就可能会存在较大的税收利益。

◆ 个人独资企业通过购买资产（如房屋等）、对员工提供内部福利的过程中，进行纳税规划得以节税

对于个人独资企业而言，除了日常的生产经营可以进行纳税筹划外，

其在购买资产(如房屋等)、对员工提供内部福利的过程中,也可以进行纳税筹划。

个人独资企业的投资者以个人名义购买房屋获得的租金收入,之所以能够获得节税利益,主要源于两点:

(1) 国家为了支持住房租赁市场的发展,对个人出租住房取得的收入给予了一系列的税收优惠。

(2) 个人独资企业的投资者以个人名义出租住房获得的租金收入单独按照“财产租赁所得”项目(20%的比例税率)计算缴纳个人所得税,不再按照“个体工商户生产经营所得”项目(35%的比例税率)计算缴纳个人所得税。

此外,税法对于住房租赁的其他规定,参见4.2节中“个人住房出租所得的减税规定”的第2条“支持住房租赁市场发展的税收政策”。

◆ 纳税人在取得异地所得时的节税方式

纳税人到外地(尤其是较远的外地)提供劳务,通常要发生食宿费、交通费等各种费用支出,这些费用支出可能会在取得的所得中占有较大的比重。为此,纳税人在到外地提供劳务时,应与对方进行协商,使发生的费用应尽可能由支付单位承担。这样,就能够减少不必要的费用分担,并最终降低自己的税收负担。

◆ 通过不同的方式取得稿酬进行节税

稿酬所得的特殊性在于,它是一种依靠较高智力创作的精神产品。对于个别较大数额的稿酬来说,对其进行纳税筹划会带来意想不到的收益。

现实生活中,纳税人可以通过分摊费用和创作组筹划法进行节税操作。但是,这两种方法也有其局限性,如稿酬较低的情况下不太适用。

此外,税法中的一些特殊规定,也应引起纳税人的注意,这些规定对纳税人的税收负担都会产生实质性的影响。例如,关于报刊、杂志、出版等单位的职员在本单位的刊物上发表作品、出版图书取得所得征税的问题,国家税务总局下发的《关于个人所得税若干业务问题的批复》(国税函[2002]146号)就做出了明确的规定。

(1) 任职、受雇于报刊、杂志等单位的记者、编辑等专业人员,因在本单位的报刊、杂志上发表作品取得的所得,属于因任职、受雇而取得的所得,应与其当月工资收入合并,按“工资、薪金所得”项目征收个人所得税。

(2) 除上述专业人员以外,其他人员在本单位的报刊、杂志上发表作品取得的所得，应按“稿酬所得”项目征收个人所得税。

(3) 出版社的专业作者撰写、编写或翻译的作品，由本社以图书形式出版而取得的稿费收入，应按“稿酬所得”项目计算缴纳个人所得税。对于打算在报刊、杂志上发表作品的上述专业人员而言，就完全可以针对上述规定进行纳税筹划。

◆ 通过合理出租住房进行节税

正确计算各项扣除税费，能够有效节省个人所得税：

依照《个人所得税法》和《征收个人所得税若干问题的规定》(国税发[1994]089 号)的规定，纳税人出租财产取得财产租赁收入，在计算征税时，除可依法减去规定费用和有关税费外，还准予扣除能够提供有效、准确凭证，证明由纳税人负担的该出租财产实际开支的修缮费用。允许扣除的修缮费用，以每次 800 元为限，一次扣除不完的，准予在下一次继续扣除，直至扣完为止。国家税务总局《关于个人所得税若干业务问题的批复》(国税函[2002]146 号)关于财产租赁所得计算缴纳个人所得税时税前扣除有关税费的次序问题明确如下：个人出租财产取得的财产租赁收入，在计算缴纳个人所得税时，应依次扣除以下费用：

(1) 财产租赁过程中缴纳的税费；

(2) 由纳税人负担的该出租财产实际开支的修缮费用；

(3) 税法规定的费用扣除标准。

这为人们进行相应的个人所得税筹划创造了条件。

◆ 通过捐赠行为进行节税

2008 年初我国南方发生百年一遇冰冻灾害，5 月四川省又发生 8 级大地震，许多国人自发向灾区和有关部门捐款捐物。为了鼓励公益、救济性捐赠，国家规定捐赠者可以将一部分收入从应纳税所得额中扣除，抵免一部分税款，尤其是个人所得适用超额累进税率时，通过捐赠可以降低其适用的最高边际税率，减轻税负。

其实，对于捐赠者个人来说，只要在符合税法规定的情况下，完全可以充分利用政策、调整捐赠限额，使得捐赠支出最小化，同时又尽量使得应纳税额控制在承受范围内，达到利国利民更利自己的目的。

(1) 限额扣除要区别对待个人将其所得通过中国境内的社会团体、国家机关向教育和其他社会公益事业以及遭受严重自然灾难的地区、贫困地区捐赠的，应纳税所得额 30%以内的捐赠额，可以冲抵其应纳税所得额。

(2) 全额扣除是首选目标捐赠筹划个税时，如果希望能将捐赠款项全部抵扣，就需要捐赠人选择合适的捐赠途径。我国税法规定，公益、救济捐赠可以在个人所得税前全额扣除应纳税所得额。其目的是引导纳税人的捐赠方向，在这些方面更好地为社会和国家减轻负担，同时，纳税人可以享受全额扣除所带来的节税收益。到目前，税法规定可以全额扣除的捐赠达 27 项之多，捐赠者可以好好加以选择。

另外税法规定，纳税人的捐赠支出，在计征个人所得税时，须具备一定条件才可以在所得税前扣除。

首先，捐赠必须是公益、救济性质的。所谓公益、救济性捐赠，是指纳税人通过中国境内非营利性的社会团体、国家机关向教育、民政等公益事业和遭受自然灾害地区、贫困地区的捐赠。社会团体包括中国青少年发展基金会、希望工程基金会、宋庆龄基金会、减灾委员会、中国红十字会、中国残疾人联合会、中国青年自愿者协会、全国老年基金会、老区促进会、中国之友研究基金会、中国绿化基金会、光华科技基金会、中国文学艺术基金会、中国初级卫生保健基金会、中国法律援助基金会、中国癌症研究基金会、中国人口福利基金会，以及经民政部门批准成立的其他非营利的公益性组织。

其次，个人将其所得通过中国境内的社会团体、国家机关向教育和其他社会公益事业以及遭受严重自然灾害地区、贫困地区的捐赠，捐赠额不超过其应纳税所得额的 30%且取得正式票据的部分可以据实扣除。

此外，通过的社会团体、国家机关必须是中国境内的。纳税人直接给受益人的捐赠不得扣除。以上扣除标准，纳税人实际捐赠额小于捐赠扣除限额的，按实际发生的捐赠额扣除；实际捐赠额大于或等于捐赠扣除限额时，按捐赠扣除限额扣除，超过部分不得扣除。

6.2 个人所得税节税实例详解

要 点

本节根据上述的节税技巧，用实例的方法进一步讲解个人所得税的节税办法。

实例详解

【例 6-1】 某单位经理每月的工资、薪金收入为 8 000 元，每月支付房租1 600元，其工资、薪金收入每月应缴纳的个人所得税为：

应纳个人所得税＝(8 000－3 500)×10%－105＝345(元)

除去房租，该经理税后可支配收入为6 055元(8 000－1 600－345)。

对此，应如何进行纳税筹划？

【分析】

现假设任职单位决定由单位为其支付1 600元房租，同时将其每月的工资、薪金收入降为6 400元。这时，该经理的工资、薪金收入每月应缴纳的个人所得税变为：

应纳的个人所得税＝(6 400－3 500)×10%－105＝185(元)

如此筹划后，对该经理来说，可节税160元(345－185)，同时，其税后可支配收入上升至6 215元(6 400－185)。

【例6-2】 某实行年薪制的企事业单位经营者刘某，假设2012年度每月取得的基本薪金收入为4 800元，年终取得的绩效薪酬为114 000元，其全年应缴纳的个人所得税为：

每月基本薪金收入应纳个人所得税＝(4 800－3 500)×3%＝39(元)

全年基本薪金收入应纳个人所得税＝39×12＝468(元)

绩效薪酬应纳个人所得税＝114 000×45%－13 505＝37 795(元)

全年应纳个人所得税合计＝468＋37 795＝38 263(元)

对此，应如何进行纳税筹划？

【分析】

如果刘某能在年初预先估算出绩效薪酬的数额，不再采取绩效薪酬的方式取得上述收入，将其转换成以每月9 500奖金的方式领取，则其全年应缴纳的个人所得税为：

每月应纳个人所得税＝(4 800＋9 500－3 500)×25%－1 005＝1 695(元)

全年应纳个人所得税合计＝1 695×12＝20 340(元)

两种情形下应纳个人所得税之差＝38 263－20 340＝17 923(元)

就此种情况来说，税法为纳税人提供了17 923元的节税空间。

【例6-3】 已知条件参看【例6-2】，现假设刘某2012年度每月取得的基本薪金收入仍然为4 800元，但其年终取得的绩效薪酬变为108 000元，其全年应缴纳的个人所得税额为：

每月基本薪金收入应纳个人所得税＝(4 800－3 500)×3%＝39(元)

全年基本薪金收入应纳个人所得税＝39×12＝468(元)

绩效薪酬应纳个人所得税＝108 000×45%－13 505＝35 095(元)

全年应纳个人所得税合计＝468＋35 095＝35 563(元)

对此，应如何进行纳税筹划？

【分析】 如果刘某采取将绩效薪酬转换成以每月 5 000 元奖金的形式领取，则其全年应缴纳的个人所得税额为：

每月应纳个人所得税＝(4 800＋5 000－3 500)×20%－555＝705(元)

全年应纳个人所得税合计＝705×12＝8 460(元)

两种情形下应纳个人所得税之差＝35 563－8 460＝27 103(元)

就此种情况来说，税法为纳税人提供了 27 103 元的节税空间。

【例 6-4】 个人投资者张勇计划出资设立一家企业，有以下两种方案可供选择：

(1) 设立法人企业，企业需要就取得的生产经营所得和其他所得缴纳企业所得税；

(2) 设立个人独资企业或合伙企业等非法人企业，此时企业不缴纳企业所得税，但张勇需要就取得的生产经营所得缴纳个人所得税。

对此，应如何进行纳税筹划？

【分析】 现假设张勇无论是设立法人企业缴纳企业所得税，还是设立个人独资企业或合伙企业缴纳个人所得税，其应纳税所得额是相同的。

方案 1：

如果张勇选择设立法人企业，并且能够被认定为符合条件的小型微利企业，那么其企业所得税将按照 20%的名义税率来缴纳。这时，设立法人企业和设立非法人企业的名义税收负担率可如表 6-1 所示。

表 6-1 不同设立形式下纳税人的名义税收负担率(1)

级数	全年应纳税所得额	个人独资企业或合伙企业	小型微利企业
1	不超过 1.5 万元	5%	20%
2	1.5 万元至 3 万元	10%	20%
3	3 万元至 6 万元	20%	20%
4	6 万元至 10 万元	30%	20%
5	10 万元至 30 万元	35%	20%
6	超过 30 万元	35%	25%

由表 6-1 可以看出，此时对于张勇而言，法人企业与非法人企业的税负平衡点是 3 万元至 6 万元，当企业全年的应纳税所得额超过 6 万元时，张勇选择设立法人企业的名义税率较低，对其更为有利。

方案 2：

如果张勇选择设立法人企业，并且能够被认定为国家重点扶持的高新技术企业，那么其企业所得税将按照15%的名义税率缴纳。这时，设立法人企业和设立非法人企业的名义税收负担率可如表6-2所示。

表6-2 不同设立形式下纳税人的名义税收负担率(2)

级数	全年应纳税所得额	个人独资企业或合伙企业	高新技术企业
1	不超过1.5万元	5%	15%
2	1.5万元至3万元	10%	15%
3	3万元至6万元	20%	15%
4	6万元至10万元	30%	15%
5	超过10万元	35%	15%

由表6-2可以看出，此时对于张勇而言，法人企业与非法人企业之间不存在税负平衡点，但存在筹划临界点，其筹划临界点是3万元。当企业全年的应纳税所得额超过3万元时，张勇选择设立法人企业的名义税率较低，更为有利。

方案3：

假设张勇选择设立法人企业，由于自身条件所限，既不能被认定为符合条件的小型微利企业，也不能被认定为国家重点扶持的高新技术企业。那么其企业所得税将按照25%的正常名义税率来缴纳。这时，设立法人企业和设立非法人企业的名义税收负担率可如表6-3所示。

表6-3 不同设立形式下纳税人的名义税收负担率(3)

级数	全年应纳税所得额	个人独资企业或合伙企业	普通法人企业
1	不超过1.5万元	5%	25%
2	1.5万元至3万元	10%	25%
3	3万元至6万元	20%	25%
4	6万元至10万元	30%	25%
5	超过10万元	35%	25%

此时对于张勇而言，法人企业与非法人企业之间也不存在税负平衡点，但仍存在筹划临界点，其筹划临界点是3万元至6万元。这表明，当企业全年的应纳税所得额超过3万元时，张勇选择设立法人企业的名义税率较低，对其更为有利。

【例6-5】 某个人独资企业拥有一批价值300万元(不考虑净残值)的生产器具，税法规定的折旧年限为5年。其5年内每年可以税前扣除的资产折旧额为：

每年可以税前扣除的折旧＝300÷5＝60(万元)

对此，应如何进行纳税筹划？

【分析】 如果该企业能够在符合现行税法有关规定的前提下进行纳税筹划，使该批资产的折旧年限缩短为3年，则企业获得的相关利益如表6-4所示。

表6-4 真实经济折旧、直线折旧和缩短年限折旧的比较

年份	贴现因子（10%的利率）	1 真实经济折旧/万元	2 现值/万元	3 直线折旧/万元	4 现值/万元	5 缩短年限折旧/万元	6 现值/万元
1	1	48	48	60	60	100	100
2	$1\div(1.10)=0.909$	54	49.09	60	54.54	100	90.9
3	$1\div(1.10)^2=0.826$	60	49.56	60	49.56	100	82.6
4	$1\div(1.10)^3=0.751$	66	49.57	60	45.06	—	—
5	$1\div(1.10)^4=0.683$	72	49.18	60	40.98	—	—
合计	—	—	245.39	—	250.14	—	273.5

由表6-4可以看出，企业通过缩短资产的折旧年限，其实现的"税收收益"较真实经济折旧提高了11.5%，较直线折旧提高了9.3%。

【例6-6】 甲企业地处市区，是李某开办的一家个人独资企业，其大部分员工都是外来务工人员，由于该企业没有职工宿舍，这些员工通常采取独自租房或者几人合伙租房的形式解决住宿问题。

上述情况给企业日常的生产经营带来了如下负面影响：

(1) 部分员工所租的住房离单位较远，加上交通拥挤等因素，上班经常迟到；

(2) 由于该单位的员工需要经常加班且居住分散，一些女员工如果加班很晚会很不方便；

(3) 年轻员工的经济状况通常一般，租房对部分员工构成了经济压力。

为了解决上述问题，进而提高整个企业的生产经营效率，李某决定解决员工的住宿问题。

对此，应如何进行纳税筹划？

【分析】 此时，李某有以下两种方案可供其选择：

(1) 以甲企业的名义购入附近的一套房屋；

(2) 以个人名义购入附近的一套房屋。

该房屋已使用5年，市场价格为800万元，折旧期限为20年，折旧率为5%，购入后以低于市场价20%的价格租给本单位员工，每月可获得租

金收入10万元，则两种方案下甲企业和李某的纳税义务分别如下。

方案1：

甲企业每年应纳房产税＝10×12×12%＝14.4(万元)

甲企业每年应纳营业税＝10×5%×12＝6(万元)

甲企业每年应纳城建税及教育费附加＝6×10%＝0.6(万元)

甲企业每年租金收入应纳个人所得税＝(10×12－14.4－6－0.6－800×5%)×35%－1.475＝19.18(万元)

甲企业每年应纳税额合计＝14.4＋6＋0.6＋19.18＝40.18(万元)

方案2：

李某每年应纳房产税＝10×12×4%＝4.8(万元)

李某每年应纳营业税＝10×3%×12＝3.6(万元)

李某每年应纳城建税及教育费附加＝3.6×10%＝0.36(万元)

李某每月应纳的房产税、营业税、城建税、教育费附加合计＝(4.8＋3.6＋0.36)÷12＝0.73(万元)

李某每年租金收入应纳个人所得税＝(10－0.73)×(1－20%)×10%×12＝8.90(万元)

李某每年应纳税额合计＝4.8＋3.6＋0.36＋8.90＝17.66(万元)

方案1、方案2的每年应纳税额之差＝40.18－17.66＝22.52(万元)

由以上分析可知，李某如果选择方案2，每年可以节省22.52万元的税款。因此，李某以个人名义购买房屋更为有利。

需要注意的是，本例题中李某节税的前提在于个人独资企业财产所具有的“两面性”，它既属于企业，也同时属于投资者个人。而对于其他企业而言，由于企业财产不具有“两重性”的特征，所以未必成功。

【例6-7】 赵某是国内某大学法律学专业的资深教授，同时还是国内知名的法律专家。2010年6月，他到较远的外地出差3日，任务是为当地的某企业集团提供法律咨询和辅导服务。预计可以取得毛收入28 000元，发生的食宿费、交通费等各项费用支出共为5 000元。

假设赵某与支付单位在合同中约定，食宿费、交通费等各项费用由其自己承担，支付单位在结算时按照28 000元向其支付报酬。其纳税义务如下：

应纳营业税＝28 000×5%＝1 400(元)

应纳城建税及教育费附加＝1 400×10%＝140(元)

应纳个人所得税＝28 000×(1－20%)×30%－2 000＝4 720(元)

个人应纳税额合计＝1 400＋140＋4 720＝6 260(元)

对此，应如何进行纳税筹划？

【分析】 假设赵某与支付单位在合同中约定，食宿费、交通费等各项费用由支付单位承担，支付单位在结算时按照减除上述费用后的余额23 000元(28 000－5 000)向其支付报酬。其纳税义务如下：

应纳营业税＝23 000×5%＝1 150(元)

应纳城建税及教育费附加＝1 150×10%＝115(元)

应纳个人所得税＝23 000×(1－20%)×20%＝3 680(元)

个人应纳税额合计＝1 150＋115＋3 680＝4 945(元)

筹划收益＝6 260－4 945＝1 315(元)

【例 6-8】 魏某为某出版社的专职编辑，每月的工资、薪金收入为3 800元，2011年，他计划发表一篇论文和出版一部图书。9月11日和26日，该论文和图书分别在本单位的杂志上发表和由本单位出版，李某从中取得稿酬分别为600元和10 000元。其当月的纳税义务如下：

应纳个人所得税＝(3 800＋600＋10 000－3 500)×25%－1 005＝1 720(元)

对此，应如何进行纳税筹划？

【分析】 如果魏某能够使该论文和图书在其他单位的杂志上发表和由其他单位出版，假设可以分别取得稿酬600元和10 000元。其当月的纳税义务将变为：

工资、薪金的应纳个人所得税＝(3 800－3 500)×3%＝9(元)

发表论文的应纳个人所得税＝0

出版图书的应纳个人所得税＝10 000×(1－20%)×20%×(1－30%)＝1 120(元)

当月应纳个人所得税合计＝9＋1 120＝1 129(元)

两种情形下应纳个人所得税之差＝1 720－1 129＝591(元)

相比较而言，该论文和图书在其他单位的杂志上发表和由其他单位出版，魏某取得的稿酬相对较多，但是其缴纳的个人所得税却较少。原因在于在本单位的报刊、杂志上发表作品取得的所得，属于因任职、受雇而取得的所得，应与其当月工资收入合并，按"工资、薪金所得"项目缴纳个人所得税。这样，不仅增大了应纳税所得额，还产生了"税率攀升效应"。因此，仅从税收的角度来看，魏某应选择在其他单位的杂志上发表论文或由其他单位出版图书，以取得更多的收益。

【例 6-9】 张大爷准备在下月初把地处市区的一套老房子出租，租期为12个月。主管地方税务机关根据张大爷的房屋出租收入减去应纳的税费及其他相关费用后，核定月应纳税所得额为 101 000 元。同时，他还有意向将该房子进行装修。经维修队的技术员测算，房屋维修费要 101 000 元。如果现在装修，只需一个星期的时间就可维修好，不会影响房屋出租。张大爷到底什么时候装修更划算呢？

【分析】

(1) 方案一：房屋出租期满后维修

税法规定，从 2001 年 1 月 1 日起，对个人出租房屋取得的所得暂减按 10%的税率征收个人所得税。张大爷应纳税所得额为 101 000 元，每月应纳个人所得税为 10 100 元(101 000×10%)，即在 12 个月的房屋租赁期内，张大爷总共应纳个人所得税 121 200 元(11 000×12)。

(2) 方案二：对房屋马上进行维修

假定维修费用为 101 000 元，依照上述规定，房屋租赁期的第 1 个月至第 12 个月，每月应纳税所得额为 100 200 元(101 000－800)，每月应纳个人所得税为 10 020 元(100 200×10%)，在房屋租赁期的第 1 个月至第 12 个月内，累计可扣除房屋维修费 9 600 元(800×12)，剩余房屋维修费 91 400 元(101 000－9 600)，可在以后的房屋租金中扣除。张大爷在出租房屋 12 个月的时间内，实际缴纳个人所得税应为 120 240 元(10 020×12)。

该房产 1 年租期满后，采用方案二可以节税 960 元(121 200－120 240)。如果今后仍对外出租，该房产维修费可以在以后扣除。当然，纳税人在支付维修费时，一定要向维修队索取合法、有效的房屋维修发票，并及时报经主管地方税务机关核实，经税务机关确认后才能扣除。

【例 6-10】 假定王先生 2010 年 6 月共取得工资、薪金收入 5 000 元，本月对外捐赠 2 000 元，则：允许税前扣除的捐赠额＝(5 000－2 000)×30%＝900 元，其 6 月应纳税额＝(5 000－2 000－900)×15%－125＝190 元。假设王先生 7 月的工资、薪金所得仍为 5 000 元，则 7 月应纳税额为(5 000－2 000)×15%－125＝325 元。

如果王先生改变其做法，6 月捐赠 900 元，剩余 1 100 元改在 7 月捐赠。则按规定，王先生 7 月应纳税额为：(5 000－2 000－1 100)×15%－125＝160 元。由此可见，同样是捐赠 2 000 元，但重新安排捐赠额后，王先生可以少缴税 165(325－160)元。

【例 6-11】 假定李先生 2010 年 5 月份取得劳务报酬收入 64 000 元，假设他不对外捐赠，其应纳税所得额＝64 000×(1－20%)＝51 200 元。由于税法规定，劳务报酬所得一次收入畸高，即其应纳税所得额超过 20 000 元的，可对应纳税所得额超过 20 000～50 000 元的部分，依照税法规定，计算应纳税额后再按照应纳税额加征五成；超过 50 000 元的部分，加征十成。

则李先生当月应纳个人所得税＝64 000×(1－20%)×40%－7 000＝13 480 元；如果李先生通过中国青少年发展基金会对外捐赠 1 201 元，由于其捐赠支出允许税前全额扣除，其应纳税所得额＝64 000×(1－20%)－1 201＝49 999 元，则李先生当月应纳个人所得税＝[64 000×(1－20%)－1 201]×30%－2 000＝12 999.7 元，比筹划前节税 480.3 元(13 480－12 999.7)。

实战训练

一、单项选择题

1. 任职、受雇于报刊、杂志等单位的记者、编辑等专业人员，因在本单位的报刊、杂志上发表作品取得的所得，应按(　　)项目征收个人所得税。

A. 工资、薪金所得　　B. 劳务报酬所得

C. 稿酬所得　　D. 其他所得

2. 位于某市的王某于 2011 年 6 月份对准备出租的住房进行维修，发生维修费用 1 200 元(取得合法有效凭证)，7 月份将其装修的房屋按市场价格出租给李某居住，租期 2 年，年租金 24 000 元，按规定缴纳了营业税、城建税以及教育附加、房产税(不考虑其他税费)。则王某 2011 年 7 月份应缴纳个人所得税为(　　)元。

A. 25.4　　B. 86.8

C. 146.8　　D. 68.7

3. 计算个人独资企业生产经营所得的应纳税所得额时，不允许扣除的项目是(　　)。

A. 以经营租赁方式租入固定资产的费用

B. 按规定缴纳的协会会费

C. 发生的与生产经营有关的财产保险费

D. 业主每月领取的工资

二、多项选择题

1. 任职单位可以通过下列(　　)措施来进行纳税筹划。

A. 其他的工资福利化

B. 为员工提供免费膳食

C. 提供车辆供员工使用

D. 为员工提供假期旅游报销等

2. 下列选项中，计算个人所得税自行申报的年所得时，允许扣除的项目有(　　)。

A. 财产保险赔偿

B. 国家发行的金融债券利息

C. 国际组织颁发的环境保护奖金

D. 商场购物所得的中奖所得

3. 根据《个人所得税法》及其实施条例的规定，可以免征个人所得税的奖金有(　　)。

A. 取得县政府发给的见义勇为奖金

B. 省级政府颁发的科技奖奖金

C. 参加 CCTV6 有奖竞猜所获奖金

D. 举报偷税行为所获奖金

4. 对于个人的财产转让所得，在计算征收个人所得税时，准予从收入中扣除的财产原值及合理费用的有(　　)。

A. 有价证券的原值

B. 建筑物的建造费用及相关费用

C. 机器设备的购进价格及运输费用

D. 转让土地使用权所取得的价外收入

5. 下列所得可以采用五级超额累进税率计算缴纳个人所得税的有(　　)。

A. 个体工商户的生产经营所得

B. 个人独资企业和合伙企业的经营所得

C. 承包经营者取得的承租承包所得

D. 财产租赁所得

三、判断题

1. 由于工资、薪金的个人所得税实行的是超额累进税率，当工资、薪金的数额提高到一定程度，尤其是接近累进点时，新增的工资、薪金中能够为个人所支配的部分(税后工资)会相对减少。(　　)

2. 由纳税人负担的该出租财产实际开支的修缮费用允许扣除的修缮费用，以每次 2 000 元为限，一次扣除不完的，准予在下一次继续扣除，直至扣完为止。(　　)

3. 对个人出租住房取得的所得减按 30%的税率征收个人所得税。(　　)

4. 个人独资企业的投资者以个人名义出租住房获得的租金收入单独按照“个体工商户生产经营所得”项目（35%的比例税率）计算缴纳个人所得税。（　　）

5. 除全年一次性奖金以外的其他各种名目奖金、补贴等，一律与当月工资、薪金收入合并，按税法规定缴纳个人所得税。（　　）

四、计算题

某年轻单身员工每月的工资、薪金收入为 4 500 元，每月支付房租 1 000 元，其工资、薪金收入每月应缴纳的个人所得税为：

应纳个人所得税＝(4 500－3 500)×3%＝30(元)

除去房租，该员工税后可支配收入为 3 470 元(3 500－30)。

该员工由于工作业绩突出，任职单位决定将其工资涨为每月 6 000 元。对此，应如何进行纳税筹划？

附　　录

附录A　中华人民共和国个人所得税法

1980年9月10日第五届全国人民代表大会第三次会议通过

根据1993年10月31日第八届全国人民代表大会常务委员会第四次会议《关于修改〈中华人民共和国个人所得税法〉的决定》第一次修正

根据1999年8月30日第九届全国人民代表大会常务委员会第十一次会议《关于修改〈中华人民共和国个人所得税法〉的决定》第二次修正

根据2005年10月27日第十届全国人民代表大会常务委员会第十八次会议《关于修改〈中华人民共和国个人所得税法〉的决定》第三次修正

根据2007年6月29日第十届全国人民代表大会常务委员会第二十八次会议《关于修改〈中华人民共和国个人所得税法〉的决定》第四次修正

根据2007年12月29日第十届全国人民代表大会常务委员会第三十一次会议《关于修改〈中华人民共和国个人所得税法〉的决定》第五次修正

根据2011年6月30日第十一届全国人民代表大会常务委员会第二十一次会议《关于修改〈中华人民共和国个人所得税法〉的决定》第六次修正

第一条　在中国境内有住所，或者无住所而在境内居住满一年的个人，从中国境内和境外取得的所得，依照本法规定缴纳个人所得税。

在中国境内无住所又不居住或者无住所而在境内居住不满一年的个人，从中国境内取得的所得，依照本法规定缴纳个人所得税。

第二条　下列各项个人所得，应纳个人所得税：

一、工资、薪金所得；

二、个体工商户的生产、经营所得；

三、对企事业单位的承包经营、承租经营所得；

四、劳务报酬所得；

五、稿酬所得；

六、特许权使用费所得；

七、利息、股息、红利所得；

八、财产租赁所得；

九、财产转让所得；

十、偶然所得；

十一、经国务院财政部门确定征税的其他所得。

第三条 个人所得税的税率：

一、工资、薪金所得，适用超额累进税率，税率为百分之三至百分之四十五(税率表附后)。

二、个体工商户的生产、经营所得和对企事业单位的承包经营、承租经营所得，适用百分之五至百分之三十五的超额累进税率(税率表附后)。

三、稿酬所得，适用比例税率，税率为百分之二十，并按应纳税额减征百分之三十。

四、劳务报酬所得，适用比例税率，税率为百分之二十。对劳务报酬所得一次收入畸高的，可以实行加成征收，具体办法由国务院规定。

五、特许权使用费所得，利息、股息、红利所得，财产租赁所得，财产转让所得，偶然所得和其他所得，适用比例税率，税率为百分之二十。

第四条 下列各项个人所得，免纳个人所得税：

一、省级人民政府、国务院部委和中国人民解放军军以上单位，以及外国组织、国际组织颁发的科学、教育、技术、文化、卫生、体育、环境保护等方面的奖金；

二、国债和国家发行的金融债券利息；

三、按照国家统一规定发给的补贴、津贴；

四、福利费、抚恤金、救济金；

五、保险赔款；

六、军人的转业费、复员费；

七、按照国家统一规定发给干部、职工的安家费、退职费、退休工资、离休工资、离休生活补助费；

八、依照我国有关法律规定应予免税的各国驻华使馆、领事馆的外交代表、领事官员和其他人员的所得；

九、中国政府参加的国际公约、签订的协议中规定免税的所得；

十、经国务院财政部门批准免税的所得。

第五条 有下列情形之一的，经批准可以减征个人所得税：

一、残疾、孤老人员和烈属的所得；

二、因严重自然灾害造成重大损失的；

三、其他经国务院财政部门批准减税的。

第六条　应纳税所得额的计算：

一、工资、薪金所得，以每月收入额减除费用三千五百元后的余额，为应纳税所得额。

二、个体工商户的生产、经营所得，以每一纳税年度的收入总额减除成本、费用以及损失后的余额，为应纳税所得额。

三、对企事业单位的承包经营、承租经营所得，以每一纳税年度的收入总额，减除必要费用后的余额，为应纳税所得额。

四、劳务报酬所得、稿酬所得、特许权使用费所得、财产租赁所得，每次收入不超过四千元的，减除费用八百元；四千元以上的，减除百分之二十的费用，其余额为应纳税所得额。

五、财产转让所得，以转让财产的收入额减除财产原值和合理费用后的余额，为应纳税所得额。

六、利息、股息、红利所得，偶然所得和其他所得，以每次收入额为应纳税所得额。

个人将其所得对教育事业和其他公益事业捐赠的部分，按照国务院有关规定从应纳税所得中扣除。

对在中国境内无住所而在中国境内取得工资、薪金所得的纳税义务人和在中国境内有住所而在中国境外取得工资、薪金所得的纳税义务人，可以根据其平均收入水平、生活水平以及汇率变化情况确定附加减除费用，附加减除费用适用的范围和标准由国务院规定。

第七条　纳税义务人从中国境外取得的所得，准予其在应纳税额中扣除已在境外缴纳的个人所得税税额。但扣除额不得超过该纳税义务人境外所得依照本法规定计算的应纳税额。

第八条　个人所得税，以所得人为纳税义务人，以支付所得的单位或者个人为扣缴义务人。个人所得超过国务院规定数额的，在两处以上取得工资、薪金所得或者没有扣缴义务人的，以及具有国务院规定的其他情形的，纳税义务人应当按照国家规定办理纳税申报。扣缴义务人应当按照国家规定办理全员全额扣缴申报。

第九条　扣缴义务人每月所扣的税款，自行申报纳税人每月应纳的税款，都应当在次月十五日内缴入国库，并向税务机关报送纳税申报表。

工资、薪金所得应纳的税款，按月计征，由扣缴义务人或者纳税义务人在次月十五日内缴入国库，并向税务机关报送纳税申报表。特定行业的工资、薪金所得应纳的税款，可以实行按年计算、分月预缴的方式计征，具体办法由国务院规定。

个体工商户的生产、经营所得应纳的税款，按年计算，分月预缴，由纳税义务人在次月十五日内预缴，年度终了后三个月内汇算清缴，多退少补。

对企事业单位的承包经营、承租经营所得应纳的税款，按年计算，由纳税义务人在年度终了后三十日内缴入国库，并向税务机关报送纳税申报表。纳税义务人在一年内分次取得承包经营、承租经营所得的，应当在取得每次所得后的十五日内预缴，年度终了后三个月内汇算清缴，多退少补。

从中国境外取得所得的纳税义务人，应当在年度终了后三十日内，将应纳的税款缴入国库，并向税务机关报送纳税申报表。

第十条 各项所得的计算，以人民币为单位。所得为外国货币的，按照国家外汇管理机关规定的外汇牌价折合成人民币缴纳税款。

第十一条 对扣缴义务人按照所扣缴的税款，付给百分之二的手续费。

第十二条 对储蓄存款利息所得开征、减征、停征个人所得税及其具体办法，由国务院规定。

第十三条 个人所得税的征收管理，依照《中华人民共和国税收征收管理法》的规定执行。

第十四条 国务院根据本法制定实施条例。

第十五条 本法自公布之日起施行。

个人所得税税率表一(工资、薪金所得适用)

级数	全月应纳税所得额	税率(%)
1	不超过 1 500 元的	3
2	超过 1 500 元至 4 500 元的部分	10
3	超过 4 500 元至 9 000 元的部分	20
4	超过 9 000 元至 35 000 元的部分	25
5	超过 35 000 元至 55 000 元的部分	30
6	超过 55 000 元至 80 000 元的部分	35
7	超过 80 000 元的部分	45

注：本表所称全月应纳税所得额是指依照本法第六条的规定，以每月收入额减除费用三千五百元以及附加减除费用后的余额。

个人所得税税率表二

(个体工商户的生产、经营所得和对企事业单位的承包经营、承租经营所得适用)

级数	全年应纳税所得额	税率(%)
1	不超过 15 000 元的	5
2	超过 15 000 元至 30 000 元的部分	10
3	超过 30 000 元至 60 000 元的部分	20
4	超过 60 000 元至 100 000 元的部分	30
5	超过 100 000 元的部分	35

注：本表所称全年应纳税所得额是指依照本法第六条的规定，以每一纳税年度的收入总额减除成本、费用以及损失后的余额。

附录B 中华人民共和国个人所得税法实施条例

（2011年7月19日修订）

1994年1月28日中华人民共和国国务院令第142号发布

根据2005年12月19日《国务院关于修改〈中华人民共和国个人所得税法实施条例〉的决定》第一次修订

根据2008年2月18日《国务院关于修改〈中华人民共和国个人所得税法实施条例〉的决定》第二次修订

根据2011年7月19日《国务院关于修改〈中华人民共和国个人所得税法实施条例〉的决定》第三次修订

第一条 根据《中华人民共和国个人所得税法》(以下简称税法)的规定,制定本条例。

第二条 税法第一条第一款所说的在中国境内有住所的个人,是指因户籍、家庭、经济利益关系而在中国境内习惯性居住的个人。

第三条 税法第一条第一款所说的在境内居住满一年,是指在一个纳税年度中在中国境内居住365日。临时离境的,不扣减日数。

前款所说的临时离境,是指在一个纳税年度中一次不超过30日或者多次累计不超过90日的离境。

第四条 税法第一条第一款、第二款所说的从中国境内取得的所得,是指来源于中国境内的所得;所说的从中国境外取得的所得,是指来源于中国境外的所得。

第五条 下列所得,不论支付地点是否在中国境内,均为来源于中国境内的所得:

(一) 因任职、受雇、履约等而在中国境内提供劳务取得的所得;

(二) 将财产出租给承租人在中国境内使用而取得的所得;

(三) 转让中国境内的建筑物、土地使用权等财产或者在中国境内转让其他财产取得的所得;

(四) 许可各种特许权在中国境内使用而取得的所得;

(五) 从中国境内的公司、企业以及其他经济组织或者个人取得的利息、股息、红利所得。

第六条 在中国境内无住所,但是居住一年以上五年以下的个人,其来源于中国境外的所得，经主管税务机关批准，可以只就由中国境内公司、企业以及其他经济组织或者个人支付的部分缴纳个人所得税；居住超过五年的个人，从第六年起，应当就其来源于中国境外的全部所得缴纳个人所得税。

第七条　在中国境内无住所，但是在一个纳税年度中在中国境内连续或者累计居住不超过90日的个人，其来源于中国境内的所得，由境外雇主支付并且不由该雇主在中国境内的机构、场所负担的部分，免予缴纳个人所得税。

第八条　税法第二条所说的各项个人所得的范围：

（一）工资、薪金所得，是指个人因任职或者受雇而取得的工资、薪金、奖金、年终加薪、劳动分红、津贴、补贴以及与任职或者受雇有关的其他所得。

（二）个体工商户的生产、经营所得，是指：

1. 个体工商户从事工业、手工业、建筑业、交通运输业、商业、饮食业、服务业、修理业以及其他行业生产、经营取得的所得；

2. 个人经政府有关部门批准，取得执照，从事办学、医疗、咨询以及其他有偿服务活动取得的所得；

3. 其他个人从事个体工商业生产、经营取得的所得；

4. 上述个体工商户和个人取得的与生产、经营有关的各项应纳税所得。

（三）对企事业单位的承包经营、承租经营所得，是指个人承包经营、承租经营以及转包、转租取得的所得，包括个人按月或者按次取得的工资、薪金性质的所得。

（四）劳务报酬所得，是指个人从事设计、装潢、安装、制图、化验、测试、医疗、法律、会计、咨询、讲学、新闻、广播、翻译、审稿、书画、雕刻、影视、录音、录像、演出、表演、广告、展览、技术服务、介绍服务、经纪服务、代办服务以及其他劳务取得的所得。

（五）稿酬所得，是指个人因其作品以图书、报刊形式出版、发表而取得的所得。

（六）特许权使用费所得，是指个人提供专利权、商标权、著作权、非专利技术以及其他特许权的使用权取得的所得；提供著作权的使用权取得的所得，不包括稿酬所得。

（七）利息、股息、红利所得，是指个人拥有债权、股权而取得的利息、股息、红利所得。

（八）财产租赁所得，是指个人出租建筑物、土地使用权、机器设备、车船以及其他财产取得的所得。

（九）财产转让所得，是指个人转让有价证券、股权、建筑物、土地使用权、机器设备、车船以及其他财产取得的所得。

（十）偶然所得，是指个人得奖、中奖、中彩以及其他偶然性质的所得。

个人取得的所得，难以界定应纳税所得项目的，由主管税务机关确定。

第九条 对股票转让所得征收个人所得税的办法，由国务院财政部门另行制定，报国务院批准施行。

第十条 个人所得的形式，包括现金、实物、有价证券和其他形式的经济利益。所得为实物的，应当按照取得的凭证上所注明的价格计算应纳税所得额；无凭证的实物或者凭证上所注明的价格明显偏低的，参照市场价格核定应纳税所得额。所得为有价证券的，根据票面价格和市场价格核定应纳税所得额。所得为其他形式的经济利益的，参照市场价格核定应纳税所得额。

第十一条 税法第三条第四项所说的劳务报酬所得一次收入畸高，是指个人一次取得劳务报酬，其应纳税所得额超过 2 万元。

对前款应纳税所得额超过 2 万元至 5 万元的部分，依照税法规定计算应纳税额后再按照应纳税额加征五成；超过 5 万元的部分，加征十成。

第十二条 税法第四条第二项所说的国债利息，是指个人持有中华人民共和国财政部发行的债券而取得的利息；所说的国家发行的金融债券利息，是指个人持有经国务院批准发行的金融债券而取得的利息。

第十三条 税法第四条第三项所说的按照国家统一规定发给的补贴、津贴，是指按照国务院规定发给的政府特殊津贴、院士津贴、资深院士津贴，以及国务院规定免纳个人所得税的其他补贴、津贴。

第十四条 税法第四条第四项所说的福利费，是指根据国家有关规定，从企业、事业单位、国家机关、社会团体提留的福利费或者工会经费中支付给个人的生活补助费；所说的救济金，是指各级人民政府民政部门支付给个人的生活困难补助费。

第十五条 税法第四条第八项所说的依照我国法律规定应予免税的各国驻华使馆、领事馆的外交代表、领事官员和其他人员的所得，是指依照《中华人民共和国外交特权与豁免条例》和《中华人民共和国领事特权与豁免条例》规定免税的所得。

第十六条　税法第五条所说的减征个人所得税，其减征的幅度和期限由省、自治区、直辖市人民政府规定。

第十七条　税法第六条第一款第二项所说的成本、费用，是指纳税义务人从事生产、经营所发生的各项直接支出和分配计入成本的间接费用以及销售费用、管理费用、财务费用；所说的损失，是指纳税义务人在生产、经营过程中发生的各项营业外支出。

从事生产、经营的纳税义务人未提供完整、准确的纳税资料，不能正确计算应纳税所得额的，由主管税务机关核定其应纳税所得额。

第十八条　税法第六条第一款第三项所说的每一纳税年度的收入总额，是指纳税义务人按照承包经营、承租经营合同规定分得的经营利润和工资、薪金性质的所得；所说的减除必要费用，是指按月减除3500元。

第十九条　税法第六条第一款第五项所说的财产原值，是指：

（一）有价证券，为买入价以及买入时按照规定交纳的有关费用；

（二）建筑物，为建造费或者购进价格以及其他有关费用；

（三）土地使用权，为取得土地使用权所支付的金额、开发土地的费用以及其他有关费用；

（四）机器设备、车船，为购进价格、运输费、安装费以及其他有关费用；

（五）其他财产，参照以上方法确定。

纳税义务人未提供完整、准确的财产原值凭证，不能正确计算财产原值的，由主管税务机关核定其财产原值。

第二十条　税法第六条第一款第五项所说的合理费用，是指卖出财产时按照规定支付的有关费用。

第二十一条　税法第六条第一款第四项、第六项所说的每次，按照以下方法确定：

（一）劳务报酬所得，属于一次性收入的，以取得该项收入为一次；属于同一项目连续性收入的，以一个月内取得的收入为一次。

（二）稿酬所得，以每次出版、发表取得的收入为一次。

（三）特许权使用费所得，以一项特许权的一次许可使用所取得的收入为一次。

（四）财产租赁所得，以一个月内取得的收入为一次。

（五）利息、股息、红利所得，以支付利息、股息、红利时取得的收入为一次。

（六）偶然所得，以每次取得该项收入为一次。

第二十二条 财产转让所得，按照一次转让财产的收入额减除财产原值和合理费用后的余额，计算纳税。

第二十三条 两个或者两个以上的个人共同取得同一项目收入的，应当对每个人取得的收入分别按照税法规定减除费用后计算纳税。

第二十四条 税法第六条第二款所说的个人将其所得对教育事业和其他公益事业的捐赠，是指个人将其所得通过中国境内的社会团体、国家机关向教育和其他社会公益事业以及遭受严重自然灾害地区、贫困地区的捐赠。

捐赠额未超过纳税义务人申报的应纳税所得额30%的部分，可以从其应纳税所得额中扣除。

第二十五条 按照国家规定，单位为个人缴付和个人缴付的基本养老保险费、基本医疗保险费、失业保险费、住房公积金，从纳税义务人的应纳税所得额中扣除。

第二十六条 税法第六条第三款所说的在中国境外取得工资、薪金所得，是指在中国境外任职或者受雇而取得的工资、薪金所得。

第二十七条 税法第六条第三款所说的附加减除费用，是指每月在减除3500元费用的基础上，再减除本条例第二十九条规定数额的费用。

第二十八条 税法第六条第三款所说的附加减除费用适用的范围，是指：

（一）在中国境内的外商投资企业和外国企业中工作的外籍人员；

（二）应聘在中国境内的企业、事业单位、社会团体、国家机关中工作的外籍专家；

（三）在中国境内有住所而在中国境外任职或者受雇取得工资、薪金所得的个人；

（四）国务院财政、税务主管部门确定的其他人员。

第二十九条 税法第六条第三款所说的附加减除费用标准为1300元。

第三十条 华侨和香港、澳门、台湾同胞，参照本条例第二十七条、第二十八条、第二十九条的规定执行。

第三十一条 在中国境内有住所，或者无住所而在境内居住满一年的个人，从中国境内和境外取得的所得，应当分别计算应纳税额。

第三十二条 税法第七条所说的已在境外缴纳的个人所得税税额，是指纳税义务人从中国境外取得的所得，依照该所得来源国家或者地区的法律应当缴纳并且实际已经缴纳的税额。

第三十三条　税法第七条所说的依照税法规定计算的应纳税额，是指纳税义务人从中国境外取得的所得，区别不同国家或者地区和不同所得项目，依照税法规定的费用减除标准和适用税率计算的应纳税额；同一国家或者地区内不同所得项目的应纳税额之和，为该国家或者地区的扣除限额。

纳税义务人在中国境外一个国家或者地区实际已经缴纳的个人所得税税额，低于依照前款规定计算出的该国家或者地区扣除限额的，应当在中国缴纳差额部分的税款；超过该国家或者地区扣除限额的，其超过部分不得在本纳税年度的应纳税额中扣除，但是可以在以后纳税年度的该国家或者地区扣除限额的余额中补扣。补扣期限最长不得超过五年。

第三十四条　纳税义务人依照税法第七条的规定申请扣除已在境外缴纳的个人所得税税额时，应当提供境外税务机关填发的完税凭证原件。

第三十五条　扣缴义务人在向个人支付应税款项时，应当依照税法规定代扣税款，按时缴库，并专项记载备查。

前款所说的支付，包括现金支付、汇拨支付、转账支付和以有价证券、实物以及其他形式的支付。

第三十六条　纳税义务人有下列情形之一的，应当按照规定到主管税务机关办理纳税申报：

（一）年所得 12 万元以上的；

（二）从中国境内两处或者两处以上取得工资、薪金所得的；

（三）从中国境外取得所得的；

（四）取得应纳税所得，没有扣缴义务人的；

（五）国务院规定的其他情形。

年所得 12 万元以上的纳税义务人，在年度终了后 3 个月内到主管税务机关办理纳税申报。

纳税义务人办理纳税申报的地点以及其他有关事项的管理办法，由国务院税务主管部门制定。

第三十七条　税法第八条所说的全员全额扣缴申报，是指扣缴义务人在代扣税款的次月内，向主管税务机关报送其支付所得个人的基本信息、支付所得数额、扣缴税款的具体数额和总额以及其他相关涉税信息。

全员全额扣缴申报的管理办法，由国务院税务主管部门制定。

第三十八条 自行申报的纳税义务人，在申报纳税时，其在中国境内已扣缴的税款，准予按照规定从应纳税额中扣除。

第三十九条 纳税义务人兼有税法第二条所列的两项或者两项以上的所得的，按项分别计算纳税。在中国境内两处或者两处以上取得税法第二条第一项、第二项、第三项所得的，同项所得合并计算纳税。

第四十条 税法第九条第二款所说的特定行业，是指采掘业、远洋运输业、远洋捕捞业以及国务院财政、税务主管部门确定的其他行业。

第四十一条 税法第九条第二款所说的按年计算、分月预缴的计征方式，是指本条例第四十条所列的特定行业职工的工资、薪金所得应纳的税款，按月预缴，自年度终了之日起 30 日内，合计其全年工资、薪金所得，再按 12 个月平均并计算实际应纳的税款，多退少补。

第四十二条 税法第九条第四款所说的由纳税义务人在年度终了后 30 日内将应纳的税款缴入国库，是指在年终一次性取得承包经营、承租经营所得的纳税义务人，自取得收入之日起 30 日内将应纳的税款缴入国库。

第四十三条 依照税法第十条的规定，所得为外国货币的，应当按照填开完税凭证的上一月最后一日人民币汇率中间价，折合成人民币计算应纳税所得额。依照税法规定，在年度终了后汇算清缴的，对已经按月或者按次预缴税款的外国货币所得，不再重新折算；对应当补缴税款的所得部分，按照上一纳税年度最后一日人民币汇率中间价，折合成人民币计算应纳税所得额。

第四十四条 税务机关按照税法第十一条的规定付给扣缴义务人手续费时，应当按月填开收入退还书发给扣缴义务人。扣缴义务人持收入退还书向指定的银行办理退库手续。

第四十五条 个人所得税纳税申报表、扣缴个人所得税报告表和个人所得税完税凭证式样，由国务院税务主管部门统一制定。

第四十六条 税法和本条例所说的纳税年度，自公历 1 月 1 日起至 12 月 31 日止。

第四十七条 1994 纳税年度起，个人所得税依照税法以及本条例的规定计算征收。

第四十八条 本条例自发布之日起施行。1987 年 8 月 8 日国务院发布的《中华人民共和国国务院关于对来华工作的外籍人员工资、薪金所得减征个人所得税的暂行规定》同时废止。

附录C 现行有效文件分类目录

综合类

序号	文件名称	发文时间	税总文件
1	国家税务总局关于个人从事医疗服务活动征收个人所得税问题的通知	1997.11.25	国税发[1997]178号
2	国家税务总局关于促进科技成果转化有关个人所得税问题的通知	1999.07.01	国税发[1999]125号
3	国家税务总局关于股民从证券公司取得的回扣收入征收个人所得税问题的批复	1999.09.20	国税函[1999]627号
4	国家税务总局关于个人所得税有关问题的批复	2000.01.18	国税函[2000]57号
5	国家税务总局关于企业改组改制过程中个人取得的量化资产征收个人所得税问题的通知	2000.03.29	国税发[2000]60号
6	国家税务总局关于个人所得税若干业务问题的批复	2002.02.09	国税函[2002]146号
7	国家税务总局关于保险营销员取得佣金收入征免个人所得税问题的通知	2006.05.15	国税函[2006]454号
8	国家税务总局关于离退休人员再任职界定问题的批复	2006.06.05	国税函[2006]526号
9	财政部、国家税务总局关于企业为个人购买房屋或其他财产征收个人所得税问题的批复	2008.06.10	财税[2008]083号
10	国家税务总局关于明确个人所得税若干政策执行问题的通知	2009.08.17	国税发[2009]121号

工资、薪金类

序号	文件名称	发文时间	税总文件
1	国家税务总局关于新疆航空公司空勤人员飞行小时费和伙食费收入征收个人所得税的批复	1995.10.10	国税函发[1995]554号
2	国家税务总局关于雇主为其雇员负担个人所得税税款计征问题的通知	1996.11.08	国税发[1996]199号
3	国家税务总局关于外商投资企业和外国企业的雇员的境外保险费有关所得税处理问题的通知	1998.06.26	国税发[1998]101号

续表

序号	文件名称	发文时间	税总文件
4	国家税务总局关于生活补助费范围确定问题的通知	1998.09.25	国税发[1998]155号
5	国家税务总局关于“长江学者奖励计划”有关个人收入免征个人所得税的通知	1998.10.27	国税函[1998]632号
6	国家税务总局关于在中国境内无住所个人取得不在华履行职务的月份奖金确定纳税义务问题的通知	1999.05.04	国税函[1999]245号
7	国家税务总局关于个人因解除劳动合同取得经济补偿金征收个人所得税问题的通知	1999.09.23	国税发[1999]178号
8	国家税务总局关于外商投资企业和外国企业对境外企业支付其雇员的工资薪金代扣代缴个人所得税问题的通知	1999.12.21	国税发[1999]241号
9	国家税务总局关于在中国境内无住所个人以有价证券形式取得工资薪金所得确定纳税义务有关问题的通知	2000.03.17	国税函[2000]190号
10	国家税务总局关于外籍个人取得的探亲费免征个人所得税有关执行标准问题的通知	2001.05.14	国税函[2001]336号
11	国家税务总局关于联想集团改制员工取得的用于购买企业国有股权的劳动分红征收个人所得税问题的批复	2001.11.09	国税函[2001]832号
12	国家税务总局关于调整个人取得全年一次性奖金等计算征收个人所得税方法问题的通知	2005.01.21	国税发[2005]9号
13	国家税务总局关于纳税人取得不含税全年一次性奖金收入计征个人所得税问题的批复	2005.07.07	国税函[2005]715号
14	国家税务总局关于个人住房转让所得征收个人所得税有关问题的通知	2006.07.18	国税发[2006]108号
15	国家税务总局关于在中国境内担任董事或高层管理职务无住所个人计算个人所得税适用公式的批复	2007.08.31	国税函[2007]946号
16	国家税务总局关于中央企业负责人年度绩效薪金延期兑现收入和任期奖励征收个人所得税问题的通知	2007.10.29	国税发[2007]118号

续表

序号	文件名称	发文时间	税总文件
17	财政部、国家税务总局关于高级专家延长离休退休期间取得工资、薪金所得有关个人所得税问题的通知	2008.07.01	财税[2008]7 号
18	国家税务总局关于离退休人员取得单位发放离退休工资以外奖金补贴征收个人所得税的批复	2008.08.07	国税函[2008]723 号
19	国家税务总局关于股权激励有关个人所得税问题的通知	2009.08.24	国税函[2009]461 号
20	国家税务总局关于企业年金个人所得税征收管理有关问题的通知	2009.12.10	国税函[2009]694 号
21	国家税务总局关于个人提前退休取得补贴收入个人所得税问题的公告	2011.01.17	国家税务总局公告 2011 年第 6 号
22	国家税务总局关于企业年金个人所得税有关问题补充规定的公告	2011.01.30	国家税务总局公告 2011 年第 9 号

劳务报酬类

序号	文件名称	发文时间	税总文件
1	国家税务总局关于明确单位或个人为纳税义务人的劳务报酬所得代付税款计算公式的通知	1996.09.17	国税发[1996]161 号
2	国家税务总局关于明确单位或个人为纳税义务人的劳务报酬所得代付税款计算公式对应税率表的通知	2000.11.24	国税发[2000]192 号

特许权使用费类

序号	文件名称	发文时间	税总文件
1	国家税务总局关于个人取得专利赔偿所得征收个人所得税问题的批复	2000.04.24	国税函[2000]257 号
2	国家税务总局关于剧本使用费征收个人所得税问题的通知	2002.05.09	国税发[2002]52 号

财产租赁类

序号	文件名称	发文时间	税总文件
1	国家税务总局关于个人与房地产开发企业签订有条件优惠价格协议购买商店征收个人所得税问题的批复	2008.06.15	国税函[2008]576 号

续表

序号	文件名称	发文时间	税总文件
2	国家税务总局关于个人转租房屋取得收入征收个人所得税问题的通知	2009.11.18	国税函[2009]639号

财产转让类

序号	文件名称	发文时间	税总文件
1	国家税务总局关于纳税人收回转让的股权征收个人所得税问题的批复	2005.01.28	国税函[2005]130号
2	国家税务总局关于个人因购买和处置债权取得所得征收个人所得税问题的批复	2005.06.24	国税函[2005]655号
3	国家税务总局关于加强和规范个人取得拍卖收入征收个人所得税有关问题的通知	2007.04.04	国税发[2007]38号
4	国家税务总局关于个人取得房屋拍卖收入征收个人所得税问题的批复	2007.11.20	国税函[2007]1145号
5	关于个人通过网络买卖虚拟货币取得收入征收个人所得税问题的批复	2008.09.28	国税函[2008]818号
6	国家税务总局关于加强股权转让所得征收个人所得税管理的通知	2009.05.28	国税函[2009]285号
7	财政部、国家税务总局、证监会关于个人转让上市公司限售股所得征收个人所得税有关问题的通知	2009.12.31	财税[2009]167号
8	国家税务总局关于做好限售股转让所得个人所得税征收管理工作的通知	2010.01.15	国税发[2010]8号
9	国家税务总局关于限售股转让所得个人所得税征缴有关问题的通知	2010.01.18	国税函[2010]23号
10	财政部、国家税务总局、证监会关于个人转让上市公司限售股所得征收个人所得税有关问题的补充通知	2010.11.10	财税[2010]70号
11	国家税务总局关于股权转让所得个人所得税计税依据核定问题的公告	2010.12.14	国家税务总局公告2010年第27号

股息、利息、红利类

序号	文件名称	发文时间	税总文件
1	国家税务总局关于原城市信用社在转制为城市合作银行过程中个人股增值所得应纳个人所得税的批复	1998.05.15	国税函[1998]289号

续表

序号	文件名称	发文时间	税总文件
2	国家税务总局关于纠正在征收利息、股息、红利所得个人所得税时扣除同期银行储蓄存款利息做法的通知	1999.09.28	国税发[1999]181号
3	财政部、国家税务总局关于住房公积金医疗保险金基本养老保险金失业保险基金个人账户存款利息所得免征个人所得税的通知	1999.10.08	财税[1999]267号
4	国家税务总局关于加强企业债券利息个人所得税代扣代缴工作的通知	2003.06.06	国税函[2003]612号
5	财政部、国家税务总局关于储蓄存款利息所得有关个人所得税政策的通知	2008.10.09	财税[2008]132号
6	财政部、国家税务总局关于股票增值权所得和限制性股票所得征收个人所得税有关问题的通知	2009.01.07	财税[2009]5号

个体工商户类

序号	文件名称	发文时间	税总文件
1	国家税务总局关于提高增值税和营业税起征点后加强个人所得税征收管理工作的通知	2003.07.01	国税发[2003]80号
2	国家税务总局关于取消合伙企业投资者变更个人所得税汇算清缴地点审批后加强后续管理问题的通知	2004.06.29	国税发[2004]81号
3	国家税务总局关于个人独资企业变更为个体经营户是否享受个人所得税再就业优惠政策的批复	2006.01.18	国税函[2006]39号
4	财政部、国家税务总局关于调整个体工商户个人独资企业和合伙企业个人所得税税前扣除标准有关问题的通知	2008.06.03	财税[2008]065号
5	国家税务总局关于代开货物运输业发票个人所得税预征率问题的通知	2008.11.30	国税函[2008]977号

承包承租经营类

序号	文件名称	发文时间	税总文件
1	国家税务总局关于个人对企事业单位实行承包经营、承租经营取得所得征税问题的通知	1994.08.01	国税发[1994]179号

偶然所得类

序号	文件名称	发文时间	税总文件
1	国家税务总局关于有奖储蓄中奖收入征收个人所得税问题的批复	1995.03.13	国税函发[1995]98号
2	国家税务总局关于对中国科学院院士荣誉奖金征收个人所得税问题的复函	1995.06.29	国税函发[1995]351号
3	国家税务总局关于个人在境外取得博彩所得征收个人所得税问题的批复	1995.12.25	国税函发[1995]663号
4	财政部、国家税务总局关于个人无偿受赠房屋有关个人所得税问题的通知	2009.05.25	财税[2009]78号

征管类

序号	文件名称	发文时间	税总文件
1	国家税务总局关于国际组织驻华机构、外国政府驻华使领馆和驻华新闻机构雇员个人所得税征收方式的通知	2004.06.23	国税函[2004]808号
2	国家税务总局关于修改年所得12万元以上个人自行纳税申报表的通知	2007.11.02	国税函[2007]1087号
3	国家税务总局关于进一步加强高收入者个人所得税征收管理的通知	2010.05.31	国税发[2010]54号
4	国家税务总局关于切实加强高收入者个人所得税征管的通知	2011.04.15	国税发[2011]50号

免税类

序号	文件名称	发文时间	税总文件
1	国家税务总局关于世界银行、联合国直接派遣来华工作的专家享受免征个人所得税有关问题的通知	1996.07.03	国税函[1996]417号
2	国家税务总局关于股份制企业转增股本和派发红股征免个人所得税的通知	1997.12.25	国税发[1997]198号
3	国家税务总局关于“长江学者奖励计划”有关个人收入免征个人所得税的通知	1998.10.27	国税函[1998]632号
4	国家税务总局关于“特聘教授奖金”免征个人所得税的通知	1999.08.03	国税函[1999]525号
5	财政部、国家税务总局关于住房公积金医疗保险金基本养老保险金失业保险基金个人账户存款利息所得免征个人所得税的通知	1999.10.08	财税[1999]267号

续表

序号	文件名称	发文时间	税总文件
6	国家税务总局关于“明天小小科学家”奖金免征个人所得税的通知	2000.09.04	国税函[2000]688号
7	国家税务总局关于外籍个人取得的探亲费免征个人所得税有关执行标准问题的通知	2001.05.14	国税函[2001]336号
8	国家税务总局关于陈嘉庚科学奖获奖个人取得的奖金收入免征个人所得税的通知	2006.06.09	国税函[2006]561号
9	国家税务总局关于中国共产党党员交纳抗震救灾“特殊党费”在个人所得税前扣除问题的通知	2008.05.30	国税发[2008]60号
10	国家税务总局关于个人向地震灾区捐赠有关个人所得税征管问题的通知	2008.05.21	国税发[2008]55号
11	国家税务总局关于第四届高等学校教学名师奖奖金免征个人所得税问题的通知	2009.01.21	国税函[2009]39号
12	国家税务总局关于第五届中华宝钢环境奖和中华宝钢环境优秀奖奖金免征个人所得税问题的通知	2009.03.19	国税函[2009]169号
13	财政部、国家税务总局关于上市公司高管人员股票期权所得缴纳个人所得税有关问题的通知	2009.05.04	财税[2009]40号
14	国家税务总局关于2008年度“明天小小科学家”奖金免征个人所得税问题的通知	2009.05.11	国税函[2009]243号
15	国家税务总局关于全国职工职业技能大赛奖金免征个人所得税的通知	2010.02.21	国税函[2010]78号
16	国家税务总局关于中华宝钢环境优秀奖奖金免征个人所得税问题的通知	2010.04.06	国税函[2010]130号
17	财政部、国家税务总局、住房和城乡建设部关于调整房地产交易环节契税个人所得税优惠政策的通知	2010.09.29	财税[2010]94号
18	国家税务总局关于全国职工优秀技术创新成果奖奖金免征个人所得税的通知	2011.01.05	国税函[2011]10号

附录D 投资者个人所得税申报表、个人所得税汇总申报表

（一）个人独资企业和合伙企业投资者个人所得税申报表（表 D-1）及填报说明

表 D-1 个人独资企业和合伙企业投资者个人所得税申报表

纳税人编码： 申报期： 年 月 日至 月 日 金额单位：元

投资者姓名		投资者身份证号码			
企业名称		企业税务登记证号		企业电话	
企业地址		行业类别		企业银行账号	

项 目	行次	本期数	累计数	补充资料
一、收入总额	1			1. 年平均职工人数 __________人 2. 工资总额 __________元 3. 从其他企业取得的生产经营所得 (1)（分配比例 %） (2)（分配比例 %） (3)（分配比例 %） (4)（分配比例 %） 填表人签字： __________ 纳税人签字： __________
减：成本	2			
费用、税金	3			
营业外支出	4			
二、企业利润总额	5			
三、纳税调整增加额	6			
1. 超过规定标准扣除的项目	7			
(1) 从业人员工资支出	8			
(2) 职工福利费	9			
(3) 职工教育经费	10			
(4) 工会经费	11			
(5) 利息支出	12			
(6) 广告费	13			
(7) 业务招待费	14			
(8) 教育和公益事业捐赠	15			
(9) 提取折旧费	16			
(10) 无形资产摊销	17			
(11) 其他	18			
2. 不允许扣除的项目	19			
(1) 资本性支出	20			
(2) 无形资产受让、开发支出	21			
(3) 违法经营罚款和被没收财物损失	22			
(4) 税收滞纳金、罚金、罚款	23			
(5) 灾害事故损失赔偿	24			
(6) 非教育和公益事业捐赠	25			
(7) 各种赞助支出	26			
(8) 计提的各种准备金	27			
(9) 投资者的工资	28			

续表

项　　目	行次	本期数	累计数	补充资料
(10) 与收入无关的支出	29			(本栏目由税务机关填写) 收到日期： 接受人： 审核日期： 审核记录： 主管税务机关盖章 年　月　日 主管税务官员签字：
3. 应税收益项目	30			
(1) 少计应税收益	31			
(2) 未计应税收益	32			
四、纳税调整减少额	33			
1. 弥补亏损	34			
2. 国库券利息收入	35			
3. 投资者标准费用扣除额	36			
4. 其他	37			
五、经纳税调整后的生产经营所得	38			
六、应纳税所得额(分配比例　%)	39			
七、适用税率	40			
八、应纳所得税额	41			
减：减、免所得税额	42			
九、应缴入库所得税额	43			
加：期初未缴所得税额	44			
减：实际已缴纳所得税额	45			
十、期末应补(退)所得税额	46			

个人独资企业和合伙企业投资者个人所得税申报表填表说明如下。

1. 适用范围

本表适用于个人独资企业和合伙企业投资者年度申报纳税及月、季度申报纳税。本着求实、简便的原则，在月、季度申报纳税时，可对本表有关项目进行精简，具体由各地税务机关根据实际情况确定。

对从事一些特殊行业的投资者，根据这些特殊行业的要求，需要增减、调整本表有关项目的，可由省级地方税务局在本表基础上自行修改。

2. 主要项目填报说明

表头项目

(1) 纳税人编码：按税务机关编排的代码填写。

(2) 申报期：填写申报纳税所属时期的起止日期。

（3）金额单位：以人民币元为单位。

（4）行业类别：按纳税人主营项目确定。

（5）企业地址：填写企业经营管理机构的所在地。

表中项目

（1）表中第7栏“超过规定标准扣除的项目”，是指企业超过《个人独资企业和合伙企业投资者征收个人所得税的规定》和其他有关税收规定（以下简称规定）的扣除标准，扣除的各种成本、费用和损失，应予调增应纳税所得额的部分。上述扣除标准，包括规定中列明的扣除标准，以及规定中虽未列明，但与国家统一财务会计制度规定标准兼容的部分。

（2）表中第19栏“不允许扣除的项目”，是指规定不允许扣除，但企业已将其扣除的各项成本、费用和损失，应予调增应纳税所得额的部分。

（3）表中第30栏“应税收益项目”，是指企业未计入应纳税所得额而应补报的收益。对属于计算上的差错或其他特殊原因而多报的收益，可以用负号表示。

（4）表中第34栏“弥补亏损”，是指企业根据规定，以前年度亏损允许在税前弥补而相应调减的应纳税所得额。

（5）表中第35栏“国库券利息收入”，是指企业免予纳税、但已计入收入的因购买国库券而取得的利息。

（6）表中第36栏“投资者标准费用扣除额”，是指省、自治区、直辖市地方税务局规定允许扣除的投资者个人的费用扣除数额。

（7）表中第39栏“应纳税所得额”，就个人独资企业的投资者而言，等于表中第38栏“经纳税调整后的生产经营所得”；就合伙企业的投资者而言，等于表中第38栏“经纳税调整后的生产经营所得”乘以依照规定的分配比例计算的应纳税所得额；投资者兴办两个或两个以上个人独资企业的，年终申报时，该栏应等于第38栏“经纳税调整后的生产经营所得”和“补充资料”中“3. 从其他企业取得的生产经营所得”的合计数。

（8）表中主要栏次的逻辑关系：5＝1－2－3－4；6＝7＋19＋30；33＝34＋35＋36＋37；38＝5＋6－33；41＝39×40；43＝41－42；46＝43＋44－45。

（二）合伙企业投资者个人所得税汇总申报表（表D-2）及填报说明

表 D-2　合伙企业投资者个人所得税汇总申报表

纳税人编码：　　申报期：　　年　月　日至　月　日　　金额单位：元

<table>
<tr><td>投资者姓名</td><td></td><td>投资者身份证号</td><td></td></tr>
<tr><td>投资者经常居住地地址</td><td></td><td>投资者电话</td><td></td></tr>
<tr><td>项目</td><td>行次</td><td>数额</td><td>补充资料</td></tr>
<tr><td>一、应汇总申报的应纳税所得额</td><td>1</td><td></td><td rowspan="14">填表人签字：________
纳税人签字：________
(本栏目由税务机关填写)
收到日期：
接受人：
审核日期：
审核记录：
主管税务机关盖章
年　月　日
主管税务官员签字：</td></tr>
<tr><td>1.</td><td>2</td><td></td></tr>
<tr><td>2.</td><td>3</td><td></td></tr>
<tr><td>3.</td><td>4</td><td></td></tr>
<tr><td>4.</td><td>5</td><td></td></tr>
<tr><td>5.</td><td>6</td><td></td></tr>
<tr><td>6.</td><td>7</td><td></td></tr>
<tr><td>二、适用税率</td><td>8</td><td></td></tr>
<tr><td>三、应纳所得税额</td><td>9</td><td></td></tr>
<tr><td>减：减、免所得税额</td><td>10</td><td></td></tr>
<tr><td>四、应缴入库所得税额</td><td>11</td><td></td></tr>
<tr><td>加：期初未缴所得税额</td><td>12</td><td></td></tr>
<tr><td>减：实际已缴纳所得税额</td><td>13</td><td></td></tr>
<tr><td>五、期末应补(退)所得税额</td><td>14</td><td></td></tr>
</table>

合伙企业投资者个人所得税汇总申报表填表说明如下。

1. 适用范围

本表只适用于投资兴办两个或两个以上企业，并且其中含有合伙企业的投资者的年度汇总申报纳税。

2. 主要项目填报说明

表头项目

(1) 纳税人编码：按投资者申报地主管税务机关编排的代码填写。

(2) 申报期：填写申报纳税所属时期的起止日期。

(3) 金额单位：以人民币元为单位。

表中项目

(1) 第 2～7 栏分别填写纳税人从各个合伙企业或个人独资企业取得的应纳税所得额，"项目"栏填写企业名称。

(2) 表中主要栏次的逻辑关系：1＝2＋3＋4＋5＋6＋7；9＝1×8－速算扣除数；11＝9－10；14＝11＋12－13。

参考文献

[1] 国务院法制办公室编.中华人民共和国个人所得税法(实用版)[M].北京:中国法制出版社,2010.

[2] 甘功仁.个人所得税法[M].北京:中国人民大学出版社,2008.

[3] 李晶.最新个人所得税疑难解答[M].大连:东北财经大学出版社,2009.

[4] 韩国荣.个人所得税实务[M].北京:中国财经经济出版社,2008.

[5] 单晨光.个人所得税轻松 ABC[M].四川:巴蜀书社,2009

[6] 郭士富,崔艳辉.税法[M].北京:清华大学出版社,2011.

[7] 李成.税收筹划[M].北京:清华大学出版社,2010.

[8] 法律出版社法规中心编.最新税收法规选编[M].北京:法律出版社,2009.